मजाज़ : ज़िन्दगी और शा'इरी

मजाज़ : ज़िन्दगी और शा'इरी

सम्पादक

सुरेश सलिल

वाणी प्रकाशन

वाणी प्रकाशन

4695, 21-ए, दरियागंज, नयी दिल्ली 110 002

फ़ोन : +91 11 23273167 फ़ैक्स : +91 11 23275710

शाखाएँ

अशोक राजपथ, पटना 800 004, बिहार

कॉफ़ी हाउस कैम्पस, महात्मा गांधी मार्ग, इलाहाबाद 211 001, उत्तर प्रदेश

महात्मा गांधी अन्तरराष्ट्रीय हिन्दी विश्वविद्यालय, वर्धा 442 001, महाराष्ट्र

सुल्तानिया रोड, मोतिया पार्क, भोपाल 462 001, मध्य प्रदेश

www.vaniprakashan.com
marketing@vaniprakashan.in
sales@vaniprakashan.in

MAJAZ : ZINDAGI AUR SHAIRY
Edited by Suresh Salil

ISBN : 978-93-5072-442-2
Collection of Poems

प्रथम संस्करण 2014
आवृत्ति 2020

मूल्य : ₹ 125

सिटी प्रेस, दिल्ली-110 095 में मुद्रित

वाणी प्रकाशन का लोगो मक़बूल फ़िदा हुसेन की कूची से

अनुक्रम

मजाज़ : ज़िन्दगी और शा'इरी

सुरेश सलिल

फ़िराक़ साहब ने कभी कहा था कि शब्द-सौन्दर्य और सम्प्रेषण की दृष्टि से मजाज़, फ़ैज़ की अपेक्षा, ज़्यादा प्रभावशाली शाइर है। इस तरह की कोई तुलना उर्दू अदब और शाइरी के अधिकारी विद्वान ही कर सकते हैं। यह संयोग ही है कि इन दोनों महान शाइरों की जन्म सदी एक ही साल (सन् 2011 में) मनाई जा रही है। वैसे, फ़िराक़ गोरखपुरी की ही चर्चित कृति 'उर्दू भाषा और साहित्य' में मजाज़ की जन्मतिथि 2 फरवरी 1909 दर्ज है। नागरी लिपि में उर्दू शाइरी के प्रसिद्ध प्रस्तोता प्रकाश पंडित ने भी मजाज़ की जन्मतिथि यही मानी है। यत्र-तत्र हालिया पत्रकारिक संदर्भों में मजाज़ की एक और जन्मतिथि 19 अक्टूबर 1911 देखने में आई है। दोनों में कौन सही है, उसका फ़ैसला भी उर्दू सहित्य के इतिहासकार ही कर सकते हैं। वैसे, अगर 1909 का जन्मवर्ष ठीक माना जाये (क्योंकि इसका उल्लेख अदब के दो बड़े और भरोसेमंद व्यक्तियों ने किया है), तो मजाज़ की जन्मशती 2009-2010 के दरमियान मनाई जानी चाहिए थी।

उर्दू शाइरी और तरक्कीपसंद तहरीक में मजाज़ और फ़ैज़, इन दोनों महान शाइरों की आमद तक़रीबन साथ-साथ हुई। हिन्दुस्तान में प्रगतिशील लेखक संघ के संस्थापकों में एक, सज्जाद ज़हीर ने अपनी मशहूर किताब 'रोशनाई' में उल्लेख किया है कि 'संघ' की शुरुआती तैयारियों के सिलसिले में 1936 में जब वे अमृतसर गये और कुवँर महमूदुज़्ज़फ़र व रशीदजहाँ के माध्यम से, उन्हीं के घर पर पहली बार फ़ैज़ अहमद फ़ैज़ से मिले, तो "फ़ैज़ की गोपनीयता का कमाल यह था कि उस समय तक महमूद और रशीदा (तक) को इसका बिल्कुल पता नहीं था कि फ़ैज़ शाइरी भी करते हैं।" उसी दरमियान सज्जाद ज़हीर साहब दिल्ली आये, तो "मजाज़ अलीगढ़ से निकल कर दिल्ली आ गये थे और आल इंडिया रेडियो में काम करने लगे थे।" आगे वे लिखते हैं : "मैं अख़्तर हुसैन रायपुरी से मिलने के लिए उनके फ्लैट पर गया जो शायद दरियागंज में था। अख़्तर का सम्बन्ध अलीगढ़ के उस नौजवान और प्रबुद्ध समूह से था, जिसके दूसरे सदस्य मजाज़, जज़्बी, जाँ निसार अख़्तर, ख़्वाजा अहमद अब्बास, अली सरदार जाफ़री, हयातुल्लाह

अंसारी, सिब्ते हसन, शहाब मलीहाबादी, शर्फ़ अतहर अली, मुहसिन अब्दुल्ला, अतहर अली (बिहार) आदि थे। ये और इनके अन्य साथी अलीगढ़ मुस्लिम यूनिवर्सिटी के बड़े प्रभावशाली विद्यार्थियों में (रहे) थे। इनकी देशभक्ति, विचारसंपन्नता और इनकी साहित्यिक अभिरुचियों के साथ-साथ गर्मजोशी और स्वच्छंदता की सराहना की जाती थी, जिसकी दास्तानें मैंने इंग्लैंड से लौटने के बाद सुनी थीं।"

इस ब्योरे से पता चलता है कि फ़ैज़ जिस दौरान बहुत गुपचुप तरीक़े से ज़बान और मुहावरा मश्क़ कर रहे थे, मजाज़ रिसालों और मुशायरों के मार्फ़त एक शाइर के बतौर अच्छी-ख़ासी पहचान बना चुके थे और उनके तीखे तेवर, रेडियो से जुड़े पंजाब के 'हुक्मरान' अदीबों को रास नहीं आ रहे थे, जिसका ख़मियाज़ा जल्दी ही मजाज़ को भुगतना पड़ा।...दरअसल, एक ही विचारधारा और तहरीक से जुड़े होने के बावजूद मजाज़ और फ़ैज़ शुरू से ही दो मुख़्तलिफ़ रिवायतों की नुमाइंदगी करने लगे थे। एक रिवायत वो, जो सीधे अवाम से मुख़ातिब है, अवाम की ज़बान में बातें करती है और दूसरी रिवायत वो जो अदब के भद्रलोक से मुख़ातिब है और भद्रलोक के लबोलहज़े में बातें करती है। यह फ़र्क़ उन गहमागहमियों के बीच, जब तहरीक अपने उरूज पर थी, ठीक-ठीक नहीं समझा और पहचाना जा सकता था। (मजाज़ ने अपने एकमात्र कविता संग्रह 'आहंग' की भूमिका फ़ैज़ से लिखवाई थी और किताब के समर्पण में फ़ैज़ और जज़्बी को अपना दिल और जिगर कहा था।) लेकिन आज इन दो महानों के शताब्दी वर्ष के आयोजनों के चरित्र और स्वभाव में इसे साफ़तौर पर लक्ष्य किया जा सकता है।

मजाज़ का जन्म उत्तर प्रदेश के अवध क्षेत्र में, बाराबंकी के पास रुदौली क़स्बे में हुआ था और उनका पैतृक नाम असरारुल हक़ था। उनके पिता सिराजुल हक़ एक सुशिक्षित और संपन्न ज़मींदार घराने से ताल्लुक़ रखते थे और ऊँचे दर्जे की तालीम पाई थी। इसीलिए जब सक्रिय और व्यावहारिक जीवन में उतरने का सवाल सामने आया, तो उन्होंने ज़मींदारी का खानदानी काम संभालने के बजाय सरकारी नौकरी को तरजीह दी और रजिस्ट्रेशन डिपार्टमेंट के मुलाजिम होकर लखनऊ आ गये। लखनऊ में ही मजाज़ की तालीम का सिलसिला शुरू हुआ और हाई स्कूल तक की उनकी पढ़ाई वहीं के अमीनाबाद हाईस्कूल में हुई। उसके बाद सिराजुल हक़ साहब का तबादला आगरा हो गया। चुनांचे मजाज़ को भी उनके साथ आगरा जाना पड़ा। वहाँ हींग की मंडी के पास अहाता अहमदयार ख़ाँ में रिहाइश का बंदोबस्त हुआ और सेंट जोंस कॉलेज की ग्यारहवीं क्लास में मजाज़

का दाखिला करा दिया गया।

सेंट जोंस कॉलेज आगरा में मजाज़ की पहली दोस्ती बनी मुईन अहसन नाम के एक हमउम्र सहपाठी से, जो धीरे-धीरे काफ़ी गहरी होती चली गई। इसी दौरान दोनों एक-दूसरे की अदबी दिलचस्पियों से परिचित हुए, और पता चला कि दोनों ही गुपचुप तरीक़े से शे'रगोई करते हैं। मजाज़ तब तक मजाज़ नहीं हुए थे और 'शहदाब' तखल्लुस से शे'र कहते थे। मुईन अहसन भी अपने 'जज़्बी' वाले असली फ़ार्म में तब तक नहीं आये थे और अपना तखल्लुस 'मलाल' कर रखा था।

संयोग ही था कि मशहूर शाइर फ़ानी बदायूँनी भी उस दौरान आगरे में ही रहकर वकालत करते थे और मजाज़ का घर उनके पड़ोस में ही था। लिहाज़ा मजाज़ कभी-कभी उनके पास जाते रहते थे। जज़्बी साहब लिखते हैं, "मुमकिन है कि उन्होंने फ़ानी से तालीम हासिल की हो। मुझे ठीक तरह से पता नहीं है, लेकिन इतना ज़रूर जानता हूँ कि फ़ानी ने उन्हें तख़ल्लुस दिया और वे असरारुल हक़ मजाज़ हो गये।" एक अन्य स्रोत के अनुसार, मजाज़ ने जब अपनी प्रारंभिक ग़ज़लें फ़ानी साहब को दिखाईं, तो उन्होंने मजाज़ को सलाह दी कि तुम मेरी राह मत पकड़ो। तुम्हारी रुझान अलग तरह की है।...आगरा-प्रवास काल में ही मजाज़ का थोड़ा सम्पर्क मैकश अकबराबादी से भी बना था।

मजाज़ लखनऊ से आगरा 1929 में गये थे। 1931 में उनके पिता का तबादला अलीगढ़ हो गया। आगरे रहते हुए मजाज़ 12वीं क्लास पास नहीं कर पाये थे। दरअसल उनके पिता उन्हें साइंस की तरफ़ ले जाना चाहते थे, जबकि मजाज़ की दिलचस्पी साइंस में रत्ती भर नहीं थी। लिहाजा अलीगढ़ आकर एक बार फिर उन्हें इंटर मीडियेट से शुरू करना पड़ा। इस बार वे साइंस की बजाय आर्ट्स में दाखिल हुए और पास भी हुए। वहीं 1935 में उन्होंने बी०ए० किया।

मजाज़ जब एम०ए० की पढ़ाई कर रहे थे, तभी उनके पास आल इंडिया रेडियो दिल्ली से नौकरी का प्रस्ताव आया। उन दिनों रेडियो सेवाएँ हिन्दुस्तान में शुरू ही हो रही थीं। बौद्धिक और साहित्यिक रुचियों वाले अंग्रेज़ अधिकारी फील्डेन को ए०आई०आर० दिल्ली का डायरेक्टर नियुक्त किया गया था। उसने पहले खेवे में अलीगढ़ से रशीद अहमद सिद्दीक़ी और लाहौर से पतरस बुखारी को बुलाया। उनके अलावा जो पहली नियुक्तियाँ हुईं उनमें अलीगढ़ से आग़ा अशरफ़ और मजाज़ थे। मजाज़ को रेडियो के उर्दू रिसाले 'आवाज़' का संपादक बनाया गया। बाद में हफ़ीज़ जालंधरी, मंटो, अश्क, राजेन्द्र सिंह बेदी, कृष्नचंद्र आदि और भी बहुत से अदीब रेडियो से आ जुड़े। लेकिन जल्दी ही वहाँ पंजाबी-गैर पंजाबी

की छुद्र राजनीति शुरू हो गई और उसमें बलि चढ़ी मजाज़ की नौकरी। मजाज़ जैसा सच्चा-बेलाग शाइर जो दाँव-पेच नहीं जानता था और स्याह को स्याह और सफ़ेद को सफ़ेद कहने में क़त्तई नहीं हिचकता था, बुखारी की संकीर्ण राजनीति का शिकार उसी को बनना पड़ा। साल-भर से भी कम की रेडियो की मुलाजमत के बाद मजाज़ सड़क पर आ गये। दिल्ली रेडियो के इस विवाद और उसमें मजाज़ के साथ बरते गये भेदभावपूर्ण सुलूक की पुष्टि अली सरदार जाफ़री ने भी अपनी किताब 'लखनऊ की पाँच रातें' में की है।

उस दौरान मजाज़ की उम्र 25 के आसपास थी। वे तब तक उर्दू के अदबी हल्कों में बहुत लोकप्रिय हो चुके थे। जज़्बात, ज़ोम और निश्छलता ने जिस रूप में उनके मनोलोक को विकसित किया था, पालापोसा था, उसके मद्देनज़र रेडियो की नौकरी से इस तरह बर्खास्त किया जाना मजाज़ की ज़िन्दगी का पहला बड़ा हादसा था। समस्या आर्थिक उतनी नहीं थी, पुरखे अपने पीछे इतना छोड़ गये थे कि मजाज़ बिना कुछ किये-धरे पूरी ज़िन्दगी आराम से बसर कर सकते थे, समस्या थी दरअसल जमीर पर की गई चोट की। और यहीं से आ जुड़ा मजाज़ की ज़िन्दगी में नाशादगी और नाकारापन का एक बेपनाह रेगिस्तान, जिसकी बहुत प्रभावशाली अभिव्यक्ति उनकी कालजयी नज़्म 'आवारा' में हुई है।

मजाज़ के व्यक्तित्व में संकल्पशीलता और अति संवेदनशीलता का एक अजीब विरोधाभास था। जब संकल्पशीलता उभर कर ऊपर आती, तो 'अँधेरी रात का मुसाफ़िर', 'नौजवान ख़ातून से', 'शिकवा-ए-मुख़्तसर', 'ख़्वाबे-सहर' और 'बोल अरी ओ धरती बोल' जैसी नज़्में उन्वान पातीं, फासीवाद के खिलाफ़ बयान जारी होता, लेकिन जब अतिसंवेदनशीलता का दौरा पड़ता तो "मैं आहें भर नहीं सकता, कि नग़्मे गा नहीं सकता/सुकूँ लेकिन मिरे दिल को मुयस्सर आ नहीं सकता" जैसी 'मजबूरियाँ' और शराब उनके वजूद को अपने में डुबा लेतीं।

रेडियो की नौकरी छूटने के अलावा, दिल्ली के इसी प्रवास-काल में एक तगड़ा भावनात्मक झटका भी मजाज़ को लगा। वे एक ख़ूबसूरत शादीशुदा औरत के प्रेमजाल में फँस गये। उस औरत का बहुत धनी पति मजाज़ की शाइरी का मुरीद था, लेकिन उसकी ख़ूबसूरत बीवी "देखना जज़्बे मोहब्बत का असर आज की रात" जैसी दिलकश नज़्मों के शायर को दिल दे बैठी। मजाज़ के एक निकटस्थ मित्र फ़रहतुल्लाह अंसारी के शब्दों में, हालात यहाँ तक पहुँच गये कि "मजाज़ के बिना चाँदनी रात भी अँधेरी नज़र आती। जब तक मजाज़ के क़दम ऐवाने इश्रत तक न पहुँचते वहाँ नींद न आती। इंतिज़ार में सारी-सारी रात आँखों में कट जाती।..."

लेकिन कहावत है कि इश्क़ और मुश्क ज़्यादा अर्से तक छिपे नहीं रह पाते। लिहाज़ा जल्दी ही उस कोठी के दरबान को हुक्म हो गया कि मजाज़ फाटक में क़दम न रखने पायें।

थोड़े-थोड़े अंतराल से, एक ही वक़्त में मजाज़ के स्वाभिमान और संवेदनालोक को ये जो तगड़ी ठेसें पहुँचीं उनसे राहत के लिए वे सहबा यानी शराब की गोद में गये और उसने उन्हें सरो-पा अपने आगोश में ले लिया। अब मजाज़ थे और शराब थी। बस्स्। आले अहमद सुरूर के अनुसार, इश्क़ की इस नाकामी ने मजाज़ के दिल पर ऐसा कारी ज़ख़्म लगाया कि उसकी चोट सारी उम्र न गई। 'मजाज़ : हयात और शाइरी' में मंज़र सलीम लिखते हैं : "शराब, शबिस्ताँ और दिल्ली के चोटी के घराने की शादीशुदा खातून से इश्क़ो-मुहब्बत, तीनों चीज़ें बयकवक़्त ख़ुशअस्लूबी से न चल सकती थीं, न चलीं। अब इस सूरतेहाल की ज़िम्मेदारी चाहे समाज पर डाली जाये, चाहे उस ज़हीन, हस्सास और होनहार नौजवान शाइर पर।"

इसका तसल्लीबख़्श जवाब आज तक दिया जा पाया है, न शायद कभी दिया जा पाए, लेकिन मजाज़ की 'आवारा' की ये पंक्तियाँ इस सवाल के बरअक्स चुनौती की तरह हरदम खड़ी रहेंगी :

दिल में इक शोला भड़क उट्ठा है, आख़िर क्या करूँ
मेरा पैमाना छलक उट्ठा है, आख़िर क्या करूँ
ज़ख़्म सीने में महक उट्ठा है, आख़िर क्या करूँ
ऐ ग़मे-दिल क्या करूँ, ऐ वहशते-दिल क्या करूँ!

मजाज़ को इन हालात से उबारने और उनकी शराबनोशी को नियंत्रित करने की कोशिश नूरा सिंह नाम की एक क्रिश्चियन नर्स ने की थी। मजाज़ दिल्ली के जिस मकान में रहते थे उसकी निचली मंज़िल पर नूरा रहती थी और नर्सिंग की प्राइवेट प्रेक्टिस करती थी। नूरा ने मजाज़ से वादा लिया था कि मैं तुम्हारी शराब की ज़रूरतें घर पर ही पूरी करूँगी, बशर्ते तुम बाहर कहीं शराब नहीं पियोगे। मजाज़ वह वादा तो नहीं निभा पाये, लेकिन उसकी भावनाओं को यादगार बनाते हुए 'नर्स की चारागरी' शीर्षक से एक बहुत ख़ूबसूरत नज़्म अपने पीछे छोड़ गये, जो उर्दू शाइरी के इतिहास में एक बहुमूल्य नगीने की तरह जड़ी हुई है।

जानकारों का कहना है कि आगे चल कर जब मजाज़ लखनऊ आ गये, तो एक बार दिल्ली की 'वह मुसीबत' लखनऊ आई थी और मजाज़ से मिली थी। लेकिन तब तक मजाज़ का दिल इतना टूट चुका था कि सिर्फ़ एक नज़्म

'ऐतिराफ़' (अपराध-स्वीकार) ही उसे नज़्र कर सके :

अब मिरे पास तुम आई हो तो क्या आई हो!
...
क्या सुनोगी मिरी मजरूह जवानी की पुकार
मिरी फरियादे-जिगरदोज़ मिरा नाला-ए-ज़ार
शिद्दते-कर्ब में डूबी हुई मिरी गुफ़्तार
मैं कि खुद अपने मज़ाक़े-तरब-आगीं का शिकार
वो गुदाज़े दिले-मरहूम कहाँ से लाऊँ!
अब मैं वो जज़्बा-ए-मासूम कहाँ से लाऊँ!!

मजाज़ के व्यक्तित्व में निहित दो विरोधाभासी प्रवृत्तियों का उल्लेख पीछे हुआ है। अतिसंवेदनशीलता के झटकों से उनको उनकी संकल्पशीलता उबारती थी। दिल्ली के अनुभवों से टूट कर उन्होंने 'दिल्ली से वापसी' ("रुख़सत, ऐ दिल्ली, तिरी महफ़िल से अब जाता हूँ मैं") का निर्णय लिया और 1936 ई. में अलीगढ़ की उर्दू कान्फ्रेंस में शिरकत की। वहां उन्होंने अपनी ऐतिहासिक महत्त्व की नज़्म पढ़ी 'नज़्रे-अलीगढ़' ("यह मेरा चमन है मेरा चमन, मैं अपने चमन का बुलबुल हूँ"), जिसने उस वक़्त जहाँ मंच पर विराजमान डॉ० ज़ाकिर हुसैन, अब्दुर्रहमान सिद्दीक़ी और मौलवी अब्दुल हक़ जैसे आलिमों को आत्मविभोर किया, वहीं आगे चलकर उसे अलीगढ़ विश्वविद्यालय के तराने की हैसियत पानी थी।

अलीगढ़ ने मजाज़ को ताक़त बेशक दी, लेकिन चूँकि दिल्ली से उनकी वापसी 'नाला-ब-लब' हुई थी, लिहाज़ा दिल्ली का हैंग ओवर पूरी तरह दूर नहीं हो पा रहा था। जज़्बी साहब के अनुसार "मजाज़ को रेडियो की नौकरी ख़त्म हो जाने का काफ़ी ग़म था, जिसको वो आमतौर पर ज़ाहिर नहीं करते थे। अक्सर वो अलीगढ़ से दिल्ली आते और दो-चार दिन शराब-कबाब की महफ़िलों में अपना ग़म ज़ाहिर करके अलीगढ़ लौट जाते।" यह सिलसिला दो-तीन साल तक चला, फिर 1939 में मजाज़ लखनऊ वापस लौट गये। उसी लखनऊ में जहाँ कभी उनका बचपन बीता था, जहाँ के अमीनाबाद हाईस्कूल से उन्होंने हाईस्कूल पास किया था। उनके पिता नौकरी से रिटायर होने के बाद अब स्थाई तौर पर लखनऊ आकर बस गये थे और अपना खुद का मकान बनवा लिया था। वहाँ मजाज़ को खाने-पीने और रहने की कोई समस्या न थी।

उस दौरान जोश मलीहाबादी, सज्जाद ज़हीर, अली सरदार जाफ़री , सिबते हसन, डॉ० अब्दुल अलीम, एहतशाम हुसैन आदि तरक्कीपसंद तहरीक के ज़्यादातर

स्तंभ लखनऊ में ही थे। मजाज़ की आमद से एक स्तंभ का इजाफ़ा और हुआ।

इसी दौर में तरक्कीपसंद तहरीक की प्रेरणा से लखनऊ से एक पत्रिका निकली 'नया अदब', जो बुनियादी तौर पर मजाज़, अली सरदार जाफ़री और सिबते हसन की पहल कदमी और कोशिशों का परिणाम थी। इनमें से तीनों ने शुरू में अपने पास से पाँच सौ रुपये प्रति व्यक्ति के हिसाब से लगाए और तक़रीबन इतनी ही रक़म मित्रों व परिचितों से सदस्यता शुल्क के रूप में एकत्र की। शुरू में पत्रिका के संपादकों में इन्हीं तीनों के नाम गये और सलाहकार मंडल में जोश मलीहाबादी, फ़िराक़ गोरखपुरी, डॉ० अलीम, मज्नूँ गोरखपुरी और सज्जाद ज़हीर के नाम दिये गये। बाद में जब जोश साहब का रिसाला 'कलीम' बंद हो गया, तो जोश साहब का नाम पत्रिका के ऊपर प्रधान संपादक के रूप में जाने लगा। सज्जाद ज़हीर साहब के अनुसार, "'नया अदब' बाक़ायदा और ऑफिशियल तौर पर प्रगतिशील लेखक संघ का मुखपत्र नहीं था। लेकिन अनौपचारिक रूप से और वास्तव में यह पत्रिका बहुत जल्द हमारे आंदोलन का तर्जुमान बन गई। उर्दू का हर प्रगतिशील रचनाकार और आंदोलन से दिलचस्पी रखने वाला इसे पढ़ना जरूरी समझने लगा।"

उसी समय लखनऊ से प्रगतिशील साप्ताहिक पत्र 'हिन्दोस्तान' निकला, जिसके एडीटर हयातुल्लाह अंसारी बनाये गये और डॉ० अलीम क़ो उसका प्रबंधन भार सौंपा गया। गर्ज़ यह कि रचनात्मक और वैचारिक दृष्टि से मजाज़ का यह समय काफ़ी गहमागहमी-भरा और उत्साहवर्धक था। उनकी 'अँधेरी रात का मुसाफ़िर' ओर 'सर्मायादारी' आदि कई नज़्में 'हिन्दुस्तान' में प्रकाशित हुईं और 'साक़ी' पत्रिका के सालाना नम्बर में 'आवारा' का प्रकाशन हुआ। इलाहाबाद में आयोजित प्रगतिशील लेखक संघ की कान्फ्रेंस में भी उन्होंने शिरकत की।

'नया अदब' के साथ ही, प्रगतिशील साहित्य की किताबें छापने और उन्हें पाठकों तक पहुँचाने के इरादे से 'हल्क़ा-ए-अदब' नाम की एक प्रकाशन संस्था भी कायम की गई। 'हल्क़ा-ए-अदब' से किताबों का जो पहला सेट आया उसमें सज्जाद ज़हीर के उपन्यास 'लंदन की एक रात', जाफ़री का कहानी संग्रह 'मंज़िल' के साथ मजाज़ की नज़्मों-ग़ज़लों का संग्रह 'आहंग' भी था, जिसकी भूमिका फ़ैज़ अहमद फ़ैज़ ने लिखी थी और उसके समर्पण में मजाज़ ने लिखा था, 'फ़ैज़ और ज़ज्बी के नाम, जो मेरे दिल और जिगर हैं। सरदार और मख़्दूम के नाम, जो मेरे दस्तो-बाज़ू हैं।" मजाज़ का कुल यही एक काव्य संग्रह है, जो आगे चलकर 'शबताब' और 'साज़े-नौ' के बदले हुए नामों से भी छपा। मजाज़ की

शाइरी को लेकर सज्जाद ज़हीर का यह वाक्य क़ाबिले-गौर है:" मजाज़ की हर एक नज़्म को हम सब उस ज़माने में प्रगतिशील रचनाशीलता की एक घटना समझते थे।" थे भी मजाज़ उर्दू की प्रगतिशील कविता की एक घटना।

आंदोलनगत गहमागहमियों के अलावा, लखनऊ वाले उस दौर में मजाज़ का ज़्यादा वक़्त जोश मलीहाबादी के साथ बीतता था। जोश साहब की मशहूर नज़्म 'रेल का सफ़र' का अप्रत्यक्ष प्रभाव मजाज़ की नज़्म 'रात और रेल' में शायद लक्ष्य किया जाए! शाइरी के अलावा, पीने-पिलाने के मामले में भी मजाज़ की निकटता जोश साहब के ही साथ बनती थी। लेकिन जोश साहब इस मामले में अपेक्षाकृत अधिक संयमी थे। उनकी शोहरत 'पीरे-मुग़ाँ' के रूप में थी ज़रूर, लेकिन वो सिर्फ़ शाम को पीते थे और एक निश्चित मात्रा में पीते थे। मजाज़ का इस मामले में कोई नियम-संयम नहीं था। वे कभी भी, कहीं भी, किसी के भी साथ पी सकते थे, पी लेते थे। एक बार जोश साहब ने समझाने की भी कोशिश की, "मजाज़, मेरी जान, शराब के मामले में वक़्त की पाबंदी का ख्याल रखा करो। पीने का एक वक़्त तय कर लो और घड़ी सामने रख कर पियो।" एक पल चुप रहने के बाद मजाज़ ने धीरे से कहा, "जोश साहब, मेरा बस चले तो मैं घड़ा सामने रख कर पिऊँ।"

मजाज़ की प्रतिभा की एक रंगत उनकी 'विट्' और हाज़िरजवाबी भी थी। वे अचानक किसी चर्चा के दरमियान कोई ऐसा कमेंट कर देते, कि वह हास्य और व्यंग्य की एक मिसाल बन जाता। एक शायर थे रबिश सिद्दीक़ी। वो मजाज़ से उम्र में ख़ासे बड़े थे और किन्हीं वजहों से चालीस की उम्र के पार भी अकेले थे, शादी नहीं की थी। एक दिन वे मजाज़ से बोले, "कभी-कभी सोचता हूँ कि शादी कर लूँ। लेकिन इस उम्र में किसी बेवा से ही शादी करना मुनासिब होगा।" उनकी बात को बीच में ही काटते हुए मजाज़ ने परामर्श दिया, "देखिए, आप कुवांरी या बेवा के चक्कर में न पड़िए। आप तो फौरन शादी कर डालिए। बेवा तो वो हो ही जाएगी।"

एक बार एक अदबी जलसे में तक़रीर करते हुए सरदार जाफ़री ने इक़बाल के सोच और शाइरी के विरोधाभासों को लेकर एक तल्ख टिप्पणी कर दी, जिसकी प्रतिक्रिया में श्रोतावर्ग में उत्तेजना फैल गई। किसी ने चीखते हुए कहा, "यह बकवास बन्द कीजिए। आपकी इस बकवास से अल्लामा इक़बाल की रूह को सदमा पहुँच रहा है।" हंगामा इतना तेज़ हो उठा कि लगा सभा उखड़ सकती है। तभी यक् ब यक् मजाज़ ने आगे बढ़कर सरदार के साथ से माइक लिया और कहा, "जनाब, सदमा तो आपकी रूह को पहुँच रहा है, जिसे आप ग़लती से

इक़बाल की रूह समझ रहे हैं। अल्लामा के हक़ में ज़्यादती तो दरअस्ल आप कर रहे हैं।" मजाज़ का इतना कहना था कि श्रोता समूह ठहाकों से गूंज उठा और पल-भर पहले का तनाव ठंडा हो गया।

दूसरे विश्वयुद्ध के दौरान सोवियत रूस से जब पीपुल्स वार की लाइन आई, तो भारत की कम्युनिस्ट पार्टी ने भी जंग के बारे में अपना नज़रिया बदल लिया। माना जाने लगा कि भारत की अंग्रेजी सरकार की, जंग में, मदद की जानी चाहिए। इसी लाइन के तहत फ़ैज़ अहमद फ़ैज़ ने अंग्रेजी फौज़ में मुलाजमत कर ली। वहाँ उन्हें कर्नल का दर्जा मिला। मजाज़ सी०पी०आई० की इस बदली हुई लाइन से सहमत नहीं थे। फौज़ में जाने का फ़ैज़ का फ़ैसला भी उन्हें रास नहीं आया। इसी मनःस्थिति में उन्होंने कुछेक तंजिया (व्यंग्यात्मक) शेर कहे, जिसमें फ़ैज़ पर कटाक्ष करते हुए एक टुकड़ा था : "कर्नल नहीं हूँ मैं"। इसी तरह आज़ादी के बाद जब, "काम है मेरा बग़ावत" का दम भरने वाले हमारे शायरे-इंक़लाब जोश मलीहाबादी ने भारत सरकार की पब्लिकेशंस डिवीज़न से निकलने वाली पत्रिका 'आजकल-उर्दू' की एडीटरशिप ज्वायन कर ली, तो यह मजाज़ को अच्छा नहीं लगा। फ़ैज़ ने जिस आज़ादी को "दाग़-दाग़ उजाला" कहा था और खुद मजाज़ ने अपनी नज़्म 'वतन आशोब' में "सारा चमन उदास है, हाय चमन को क्या हुआ!" कहा था, उसी के साथ हमारा शायरे-इंक़लाब सहयोग करे! मजाज़ उस दौरान यद्यपि राँची के मानसिक रोग अस्पताल में अपना इलाज करा रहे थे, वे अपने भीतर उबल रहे असंतोष को जज़्ब नहीं कर पाये और उन्होंने कहा : "पीर जोशे-शबाब क्या जाने/शोरिशे इज़्तराब क्या जाने/सीना-ए-इन्क़लाब छलनी है/शायरे-इन्क़लाब क्या जाने!"

मजाज़ अपने वैचारिक कनविक्शन और प्रतिबद्धता में पूरी तरह दृढ़ थे। भावनात्मक और मानसिक असंतुलन के दौरों और शराब की कमजोरी को छोड़ कर कोई भी दूसरी चीज़ उन्हें कमजोर नहीं बना सकती थी। 1940 से 50 के बीच तीन बार उन्हें मानसिक विक्षिप्तता के दौरे पड़े और इसी दरमियान 1943 में उन्होंने फ़ासीवाद के विरुद्ध अपना ऐतिहासिक बयान जारी किया, जिसके अंत की पंक्तियाँ उम्मीद और कर्तव्यशीलता की एक प्रेरणादायी धमक पैदा करती हैं : "...कोई वजह नहीं कि इंसानियत और तमद्दुन के सबसे बड़े दुश्मन फ़ाशीवाद के मुक़ाबले में हम अपनी तलवार मियान में रख लें। हमार नग़मों को आज दोबारा वतन की फ़ज़ाओं में गूँजना चाहिए, ताकि इत्तेहाद, खुद ऐतमादी, सरफ़रोशी और हैरत के जज़्बात से मामूर होकर हम अपने रास्ते से हर उस रुकावट को हटा दें जो

अंधे सामराजी हमारी राह में हायल करते हैं, और तमाम दुनिया के अवाम के साथ मिलकर इस जंगे-आज़ादी में इस तरह शरीक हों जो हमारी अज़ीम क़ौम के शयाने-शान हो!" गौर करने की बात है कि 1945 में मजाज़ को दूसरा दौरा पड़ा और उसी साल उन्होंने अपनी यादगार नज़्म 'बोल अरी ओ धरती बोल' कही! 1952 वाले दौरे से पहले वे 'वतन आशोब' नज़्म में कह चुके थे :

कोई बताए अज़्मते-ख़ाके-वतन कहाँ है अब
कोई बताए ग़ैरते-अहले-वतन को क्या हुआ
कोह वही, दमन वही, दश्त वही, चमन वही
फिर ये मजाज़ जज़्बए-हुब्बे-वतन को क्या हुआ?

मगर, जैसा पीछे ज़िक्र हुआ है, रेडियो की नौकरी जाने और इश्क़ की नाकामी के बाद शराब मजाज़ की लाइलाज कमजोरी बन गई थी। वही उनकी सहबा थी और वही विषकन्या। 5 दिसम्बर 1955 की रात शराब के नशे में खुली छत पर पड़े रहने से, दिमाग की रगें फट जाने से, उनकी मौत हुई। उससे पहले वे छात्रों के कन्वेंशन की गहमा गहमियों में डूबे हुए थे, अलीगढ़ जाने की योजना बना रहे थे, कि "वहाँ मुझे अपनी नज़्म 'नज़्रे-अलीगढ़' सुनानी है, जिसे यूनियन वालों ने अपना तराना बनाया है।"

मजाज़ की शाइरी का मूल्यांकन करते हुए प्रो० आले अहमद सुरूर कहते हैं: "मजाज़ की शाइरी में क्लासिकल शायरों की सी शालीनता और सादगी है। दूसरी विशेषता यह है कि उनके काव्य में शब्द का सौंदर्य और भाषा की नज़ाकत औरों से बहुत बढ़कर है।...उन्होंने नौजवानों की दृढ़ता, सरफ़रोशी की भावना, जोश, फक्कड़ाना आनबान, बेबाकी और स्वच्छंदता को केवल सौंदर्य उत्पन्न करने के लिए नहीं, बल्कि जीवन को ओजपूर्ण बनाने के लिए अपने काव्य में प्रयुक्त किया है। एक तरफ़ वे नौजवानों में एक योद्धा का जोश उत्पन्न करना चाहते हैं, तो दूसरी ओर औरतों का भी जीवन के युद्ध में शामिल होने का आह्वान करते हैं।...मजाज़ दरअस्ल सौंदर्य के उपासक हैं। यूँ तो वह लैला-ए-इंक़लाब का भी मजनूँ है, मगर सौंदर्य की हर अदा का इशारा समझने में निपुण है। उसकी सौंदर्य-उपासना में प्रेमी का जुनून है। सौंदर्य उसके लिए सब कुछ है।... मजाज़ की ज़िंदगी और शाइरी में रूमानियत की एक लहर हरदम उमड़ती रहती है। तिफ़्ली के ख़्वाब से ऐतराफ़ तक एक ख़ास सिलसिलेवार दास्तान है। मजाज़ की रूमानियत में जो जानदार, स्वस्थ और शालीन है उसका उर्दू शाइरी में हरदम मूल्य रहेगा।..." □

नज़्में

तअर्रुफ़

ख़ूब पहचान लो, असरार हूँ मैं
जिन्से-उल्फ़त का तलबगार हूँ मैं

इश्क़ ही इश्क़ है दुनिया मेरी
फ़ित्न-ए-अक़्ल से बेज़ार हूँ मैं

ख़्वाबे-इश्रत में है अरबाबे-ख़िरद
और इक शाइरे-बेदार हूँ मैं

छेड़ती हैं जिसे मिज़राबे-अलम
साज़े-फित्रत का वही तार हूँ मैं

रंगे-नज़्ज़ारा-ए-कुद्रत मुझसे
जाने-रंगीनी-ए-कुहसार हूँ मैं

नश्श-ए-नरगिसे-ख़ूबाँ मुझसे
ग़ाज़ा-ए-आरिज़ो-रुख़सार हूँ मैं

ऐब जो हाफ़िज़ो-ख़ैय्याम में था
हाँ, कुछ उसका भी गुनहगार हूँ मैं

ज़िन्दगी क्या है गुनाहे-आदम
ज़िन्दगी है तो गुनहगार हूँ मैं

रश्क-ए-सद होश है मस्ती मेरी
ऐसी मस्ती है कि हुशियार हूँ मैं

लेके निकला हूँ गुहरहा-ए-सुख़न
माहो-अंजुम का ख़रीदार हूँ मैं

दैरो-काबा में मिरे ही चर्चे
और रुस्वा सरे-बाज़ार हूँ मैं

कुफ़्रो-इलहाद से नफ़रत है मुझे
और मज़हब से भी बेज़ार हूँ मैं

अहले-दुनिया के लिए नंग सही
रौनके-अंजुमने-यार हूँ मैं

ऐन इस बे सरो-सामानी में
क्या य' कम है कि गुहरबार हूँ मैं

मेरी बातों में बेहयाई है
लोग कहते हैं कि बीमार हूँ मैं

मुझसे बरहम है मिज़ाजे-शेरी
मुजरिमे-शोख़ी-ए-गुफ़्तार हूँ मैं

हूरो-गिलमाँ का यहाँ ज़िक्र नहीं
नौ-ए-इंसाँ का परस्तार हूँ मैं

महफ़िले-दहर पे तारी है जुमूद
और वारफ़्ता-ए-रफ़्तार हूँ मैं

इक लपकता हुआ शोला हूँ मैं
एक चलती हुई तलवार हूँ मैं।

अँधेरी रात का मुसाफ़िर

जवानी की अँधेरी रात है ज़ुल्मत का[1] तूफ़ाँ है
मिरी राहों से नूरे-माहो-अंजुम तक गुरेज़ाँ[2] है
ख़ुदा सोया हुआ है, अहरमन[3] महशर-बदामाँ[4] है
मगर मैं अपनी मंज़िल की तरफ़ बढ़ता ही जाता हूँ

ग़मो-हिरमाँ की यूरिश[5] है, मसाइब[6] की घटायें हैं
जुनूँ की फ़ित्नाख़ेज़ी[7], हुस्न की ख़ूनी अदायें हैं
बड़ी पुरज़ोर आँधी है, बड़ी काफ़िर बलाएँ हैं
मगर मैं अपनी मंज़िल की तरफ़ बढ़ता ही जाता हूँ

फ़ज़ा में मौत के तारीक साये थरथराते हैं
हवा के सर्द झोंके क़ल्ब पर[8] ख़ंजर चलाते हैं
गुज़श्ता इश्रतों के ख़्वाब[9] आईना दिखाते हैं
मगर मैं अपनी मंज़िल की तरफ़ बढ़ता ही जाता हूँ

ज़मी चीं-बर-जबीं[10] है, आस्माँ तख़रीब पर माइल[11]
रफ़ीक़ाने-सफ़र[12] में कोई बिस्मिल[13] है कोई घाइल
तआकुब[14] में लुटेरे हैं, चटाने राह में हाइल
मगर मैं अपनी मंज़िल की तरफ़ बढ़ता ही जाता हूँ

उफ़क़ पर ज़िन्दगी के लश्करे-ज़ुल्मत का डेरा है[15]
हवादिस के क़यामतख़ेज़ तूफ़ानों ने[16] घेरा है
जहाँ तक देख सकता हूँ, अँधेरा ही अँधेरा है
मगर मैं अपनी मंज़िल की तरफ़ बढ़ता ही जाता हूँ

---

1. अँधेरे का, 2. चाँद-सितारों की रोशनी तक को नफ़रत है, 3. शैतान, 4. कहर ढा रहे हैं, 5. दुख और पस्ती का आक्रमण, 6. विपत्तियाँ, 7. पागलपन के उपद्रव, 8. दिल पर, 9. पुराने दिनों के सुखद सपने, 10. माथे पर बल डाले है, 11. बर्बादी पर आमादा, 12. हमसफरों में, 13. ज़ख़्मी, 14. पीछा कर रहे, 15. ज़िन्दगी के क्षितिज पर अँधेरा अधिकार जमाए हुए है, 16. हादसों के कयामत ढाने वाले तूफानों ने

चिराग़े-दैर फ़ानूसे-हरम क़ंदीले-रहबानी[1]
ये सब हैं मुद्दतों से बेनियाज़े-नूरे-इर्फ़ानी[2]
न नाकूसे-बिरहमन है, न आहंगे-हुदी-ख़्वानी[3]
मगर मैं अपनी मंज़िल की तरफ़ बढ़ता ही जाता हूँ

तलातुम ख़ेज़ दरिया[4], आग के मैदान हाइल हैं
गरजती आँधियाँ, बिखरे हुए तूफ़ान हाइल हैं
तबाही के फ़रिश्ते, जब्र के शैतान हाइल हैं
मगर मैं अपनी मंज़िल की तरफ़ बढ़ता ही जाता हूँ

फ़ज़ा में शोला अफ़शाँ[5] देवे-इस्तब्दाद[6] का ख़ंजर
सियासत के सनानी[7] अहले-ज़र के ख़ूँचकाँ तेवर[8]
फ़रेबे-बेखुदी देते हुए बिल्लौर के साग़र[9]
मगर मैं अपनी मंज़िल की तरफ़ बढ़ता ही जाता हूँ

बदी पर बारिशे-लुत्फ़ो-करम, नेकी पे तक़रीरें
जवानी के हसीं ख़्वाबों की हैबतनाक ताबीरें[10]
नुकीली तेज़ संगीनें हैं ख़ूँ-आलाम[11] शमशीरें
मगर मैं अपनी मंज़िल की तरफ़ बढ़ता ही जाता हूँ

हुकूमत के मज़ाहिर[12] जंग के पुरहौल नक्शे हैं
कुदालों के मुक़ाबिल तोप बंदूकें हैं नेज़े हैं
सलासिल[13], ताज़ियाने[14], बेड़ियाँ, फाँसी के तख़्ते हैं
मगर मैं अपनी मंज़िल की तरफ़ बढ़ता ही जाता हूँ

उफ़क़ पर जंग का ख़ूनी सितारा जगमगाता है
हर इक झोंका हवा का मौत का पैग़ाम लाता है
घटा की घन-गरज से क़ल्बे-गेती[15] काँप जाता है
मगर मैं अपनी मंज़िल की तरफ़ बढ़ता ही जाता हूँ

---

1. मंदिर के चिराग, मस्जिद के फानूस, गिरजाघर की मोमबत्ती, 2. ब्रह्मज्ञान के प्रकाश से बेपरवाह, 3. ब्राह्मणों की शंख ध्वनि है न मुल्ला के क़ुरान पढ़ने की आलाप, 4. नदी तूफ़ान से उमड़ती हुई, 5. वातावरण आग के शोलों से भरा हुआ, 6. अत्याचारी जिन्न, 7. बरछे, 8. पूंजीपतियों के ख़ूँख़ार तेवर, 9. बेखुदी का भ्रम पैदा करते बिल्लौरी प्याले, 10. जवानी के हसीन सपनों के डरावने स्वप्न-फल, 11. ख़ून की प्यासी, 12. जुलूस, 13. ज़ंजीरें, 14. कोड़े या चाबुक, 15. दुनिया जहान का दिल

फ़ना के आहनी वहशत-असर[1] क़दमों की आहट है
धुएँ की बदलियाँ हैं गोलियों की सनसनाहट है
अज़ल[2] के क़हक़हे हैं ज़लज़लों की गड़गड़ाहट है
मगर मैं अपनी मंज़िल की तरफ़ बढ़ता ही जाता हूँ

1. मौत के फौलादी और भीषण, 2. काल या मृत्यु

नन्हीं पुजारिन

इक नन्हीं-मुन्नी-सी पुजारन
पतली बाँहें, पतली गरदन
भोर भये मन्दिर आई है
आई नहीं है, माँ लाई है
वक़्त से पहले जाग उठी है
नींद अभी आँखों में भरी है
ठोड़ी तक लट आई हुई है
यूँ ही सी लहराईं हुई है
आँखों में तारों की चमक है
मुखड़े पर चाँदी की झलक है
कैसी सुन्दर है क्या कहिए
नन्हीं सी इक सीता कहिए
धूप-चढ़े तारा चमका है
पत्थर पर इक फूल खिला है
चाँद का टुकड़ा, फूल की डाली
कमसिन, सीधी, भोली-भाली
कान में चाँदी की बाली है
हाथ में पीतल की थाली है
दिल में लेकिन ध्यान नहीं है
पूजा का कुछ ज्ञान नहीं है
कैसी भोली और सीधी है
मन्दिर की छत देख रही है
माँ बढ़कर चुटकी लेती है
चुपके-चुपके हँस देती है
हँसना-रोना उसका मजहब
उसको पूजा से क्या मतलब
खुद तो आई है मन्दिर में
मन उसका है गुड़ियाघर में।

किस से मोहब्बत है

बताऊँ क्या तुझे, ऐ हमनशीं, किससे मोहब्बत है
मैं जिस दुनिया में रहता हूँ, वो उस दुनिया की औरत है
सरापा[1] रंगो-बू है, पैकरे-हुस्नो-लताफ़त[2] है
बहिश्ते-गोश होती हैं गुहर-अफ़शानियाँ उसकी[3]

वो मेरे आस्माँ पर अख़्तरे-सुबहे-क़यामत[4] है
सुरैया बख़्त है, ज़ोहरा जबीं है, माहे-तलअत है[5]
मिरा ईमाँ है, मेरी ज़िन्दगी है, मेरी जन्नत है
मिरी आँखों को ख़ीरा कर गईं ताबानियाँ उसकी[6]

वो इक मिज़राब है और छेड़ सकती है रगे-जाँ को
वो चिनगारी है लेकिन फूँक सकती है गुलिस्ताँ को
वो बिजली है जला सकती है सारी बज़्मे-इम्काँ को[7]
अभी मेरे ही दिल तक हैं शरर-सामानियाँ[8] उसकी

ज़बाँ पर हैं अभी तक इस्मतो-तक़्दीस के नग़मे[9]
वो बढ़ जाती है इस दुनिया से अक्सर इस क़दर आगे
मिरी तख़ईल[10] के बाज़ू भी उसको छू नहीं सकते
मुझे हैरान कर देती हैं नुक्तादानियाँ उसकी

अदायें लेके आई है वो फ़ित्रत के ख़ज़ानों से
जगा सकती है महफ़िल को नज़र के ताज़ियानों से[11]
वो मलिका है ख़िराज[12] उसने लिये हैं बोस्तानों से[13]
बस इक मैंने ही अक्सर की हैं नाफ़रमानियाँ[14] उसकी

---

1. सिर से पैर तक, 2. खूबसूरती और नज़ाकत की मूर्ति, 3. मोती बिखेरने जैसी उसकी बातें कानों के लिए स्वर्ग जैसी होती हैं, 4. कयामत की सुबह का तारा, 5. चाँद और सितारों जैसे चेहरे वाली है, 6. उसकी चमक मेरी आँखों में चौंध भर गई, 7. दुनिया की महफिल को, 8. अंगारों की बारिश, 9. पवित्रता और सतीत्व के गीत, 10. कल्पना, 11. चाबुकों से, 12. चुंगी या टैक्स, 13. बगीचों से, 14. अवज्ञा

वो मेरी जुरअतों पर बेनियाज़ी की सज़ा देना
हवस की जुल्मतों[1] पर नाज़ की बिजली गिरा देना
निगाहे-शौक़ की बेबाकियों पर मुस्कुरा देना
जुनूँ को दर्से-तमकीं[2] दे गईं नादानियाँ उसकी

वफ़ा खुद की है और मेरी वफ़ा को आज़माया है
मुझे चाहा है, मुझको अपनी आँखों पर बिठाया है
मिरा हर शे'र तन्हाई में उसने गुनगुनाया है
सुनी हैं मैंने अक्सर छुपके नग़्मा ख्वानियाँ[3] उसकी

मिरे चेहरे पे जब भी फ़िक्र के आसार पाये हैं
मुझे तस्कीन दी है मेरे अंदेशे मिटाये हैं
मिरे शाने पे सिर तक रख दिया है, गीत गाये हैं
मिरी दुनिया बदल देती हैं खुश अल्हानियाँ[4] उसकी

लबे-लालीं[5] पे लाखा है न रुख़सारों[6] पे ग़ाज़ा है
जबीने-नूरअफ़शाँ[7] पर न झूमर है न टीका है
जवानी है सुहाग उसका, तबस्सुम उसका गहना है
नहीं आलूदा-ए-जुल्मत सहर दामानियाँ उसकी[8]

कोई मेरे सिवा उसका निशाँ पा ही नहीं सकता
कोई उस बारगाहे-नाज़[9] तक जा ही नहीं सकता
कोई उसके जुनूँ का ज़मज़मा[10] गा ही नहीं सकता
झलकती हैं मिरे अशआर में जौलानियाँ[11] उसकी

---

1. अँधेरों, 2. दीवानगी को सहनशीलता की नसीहत, 3. गीत गाना, 4. मधुर स्वर, 5. लाल होंठों पर, 6. गालों पर, 7. चमकते माथे पर, 8. उसके सुबह रूपी अंगों पर अँधेरे की कालिख नहीं है, 9. उस रूपगर्विता के दरबार तक, 10. दीवानगी का गीत, 11. यौवन की उमंग

आज की रात

देखना जज़्बे-मोहब्बत का असर आज की रात
मेरे शाने पे है उस शोख़ का सर आज की रात
और क्या चाहिए अब ऐ दिले-मजरूह[1] तुझे
उसने देखा तो ब-अंदाजे-दिगर[2] आज की रात
फूल क्या, ख़ार भी हैं आज गुलिस्ताँ-ब-किनार[3]
संगरेज़े हैं निगाहों में गुहर आज की रात[4]
महूवे-गुलगब्त है ये कौन मेरे दोश-ब-दोश[5]
कहकशाँ[6] बन गई हर राहगुज़र आज की रात
शबनमिस्ताने-तजल्ली का फुसूँ[7] क्या कहिए
चाँद ने फेंक दिया रख़्ते-सफ़र[8] आज की रात
नूर ही नूर है, किस सिम्त उठाऊँ आँखें
हुस्न ही हुस्न है ताहद्दे-नज़र आज की रात
अल्ला-अल्लाह वो पेशानी-ए-सीमीं का जमाल[9]
रह गई जम के सितारों की नज़र आज की रात
अरिज़े-गर्म पे वो रंगे-शफ़क़ की लहरें[10]
वो मिरी शोख निगाही का असर आज की रात
नर्गिसे-नाज[11] में वो नींद का हल्का-सा खुमार
वो मिरे नग्मए-शीरीं[12] का असर आज की रात
नग्मा-ओ-मय का ये तूफ़ाने-तरब[13] क्या कहिए
घर मिरा बन गया ख़य्याम का घर आज की रात
मेरी हर साँस पे वो उनकी तवज्जो, क्या ख़ूब
मेरी हर बात पे वो जुंबिशे-सर[14] आज की रात

---

1. ज़ख़्मी दिल, 2. अलग अंदाज़ में, 3. बगीचे को प्रिय हैं, 4. आज की रात पत्थर के टुकड़े भी मोती नजर आते हैं, 5. मेरे साथ-साथ कँधा जोड़े हुए यह कौन फूलों की खूबसूरती में खोया हुआ है, 6. आकाश गंगा, 7. माशूक़ के चेहरे का जादू, 8. सफ़र का सामान, 9. रूपहले माथे की खूबसूरती, 10. गर्म गालों पर शाम की लालिमा की लहरें, 11. नर्गिसी आँखों में, 12. मधुर गान, 13. गीत और शराब की खुशी का तूफ़ान, 14. स्वीकृति में सिर का हिलना

उफ़् वो बारफ़्तगी-ए-शौक़ में इक वह्‌मे-लतीफ़[1]
कपकपाते हुए होंठों पे' नज़र आज की रात
अपनी रिफ़अत पे' जो नाज़ाँ हैं तो नाज़ाँ ही रहें[2]
कह दो अंजुम से[3] कि देखें न इधर आज की रात
उनके अल्ताफ़ का इतना ही फ़ुसूँ[4] काफ़ी है
कम है पहले से बहुत दर्दे-जिगर आज की रात

---

1. प्रेमोच्छ्वास में खूबसूरत धारणा, 2. अपनी श्रेष्ठता पर गर्वित हैं तो गर्वित ही रहें, 3. सितारे, 4. जादू

जश्ने-सालगिरह

इक मजमा-ए-रंगीं में वो घबराई हुई सी
बैठी है अजब नाज़ से शर्माई हुई सी
आँखों में हया लब पे' हँसी आई हुई सी
होठों पे' फ़िदा रूहे-बहारे-गुलो-नसरीं[1]
आँखों की चमक रूकशे-बज़्मे-महो-परवीं[2]
पैराहने-ज़रतार में इक पैकरे-सीमीं[3]

लहरें सी वो लेता हुआ इक फूल का सेहरा
सेहरे में झमकता हुआ इक चाँद सा चेहरा
इक रंग सा रुख पर कभी हल्का कभी गहरा
हर साँस में अहसासे-फ़ुरावाँ की[4] कहानी
ख़ामोशिए-महजूब में इक सैले-मआनी[5]
जज़्बात के तूफ़ाँ में है दोशीज़ा जवानी[6]

फ़ित्रत नये जज़्बात के दर खोल रही है
मीज़ाने-जवानी में[7] इसे तोल रही है
लब साकितो-सामत हैं[8], नज़र बोल रही है
सरशार[9] निगाहों में हया झूम रही है
हैं रक़्स में अफ़लाक[10], ज़मीं घूम रही है
शाइर की वफ़ा बढ़ के क़दम चूम रही है

ऐ तू कि तेरे दम से मिरी ज़मज़मा ख़्वानी[11]
हो तुझको मुबारक ये तिरी नूरे-जहानी[12]
अफ़कार से महफ़ूज़ रहे[13] तेरी जवानी
छलके तिरी आँखों से शराब और ज़ियादा
महकें तिरे आरिज़ के गुलाब और ज़ियादा
अल्लाह करे ज़ोरे-शबाब और ज़ियादा

---

1. फूलों की ख़ूबसूरती की रूह, 2. चाँद-तारों की महफ़िल को लज्जित करने वाली, 3. ज़री की पोशाक में एक रुपहली मूरत, 4. भावनाओं की बाढ़, 5. संकोच-भरी ख़ामोशी में अर्थों की बाढ़, 6. सुकुमार यौवन, 7. जवानी के तराजू में, 8. ख़ामोश और बेहरकत, 9. उत्तेजित, 10. सातो आसमान नाच रहे हैं, 11. गायकी, 12. दुनिया को आलोकित करना, 13. फ़िक्र और चिंता से सुरक्षित रहे

नौजवान ख़ातून से

हिजाबे-फ़ित्न-परवर[1] अब उठा लेती तो अच्छा था
खुद अपने हुस्न को पर्दा बना लेती तो अच्छा था
तिरी नीची नज़र खुद तेरी इस्मत की मुहाफ़िज़[2] है
तू इस नश्तर की तेज़ी आज़मा लेती तो अच्छा था
तिरी चीने-जबीं[3] खुद इक सज़ा क़ानूने-फ़ित्रत में
इसी शमशीर से कारे-सज़ा[4] लेती तो अच्छा था
य' तेरा ज़र्द रुख़[5], ये ख़ुश्क लब, ये वहम, ये वहशत
तू अपने सर से ये बादल हटा लेती तो अच्छा था
दिले-मजरूह को मजरूहतर करने से क्या हासिल[6]
तू आँसू पोंछ कर अब मुस्कुरा लेती तो अच्छा था
अगर ख़लवत में[7] तूने सर उठाया भी तो क्या हासिल
भरी महफ़िल में आकर सर झुका लेती तो अच्छा था
तिरे माथे का टीका मर्द की क़िस्मत का तारा है
अगर तू साज़े-बेदारी[8] उठा लेती तो अच्छा था
सिनानें[9] खेंच ली हैं सिरफिरे बाग़ी जवानों ने
तू सामाने-जराहत[10] अब उठा लेती तो अच्छा था
तिरे माथे पे' ये आँचल बहुत ही ख़ूब है लेकिन
तू इस आँचल से इक परचम[11] बना लेती तो अच्छा था

---

1. उपद्रवी पर्दा, 2. पवित्रता की रक्षा करने वाली, 3. माथे की सलवटें, 4. सज़ा देने का काम, 5. पीला चेहरा, 6. ज़ख़्मी दिल को और ज़्यादा ज़ख़्मी करने से क्या मिलेगा, 7. एकांत में, 8. जागरण का साज़, 9. बर्छे-भाले, 10. ज़ख़्मों की चीर-फाड़ और सीने का सामान, 11. फरहरा, झण्डा

हुस्न और इश्क़

मुझसे मत पूछ : 'मिरे हुस्न में क्या रक्खा है?'
आँख से पर्दा-ए-जुल्मात[1] उठा रक्खा है
मेरी दुनिया कि मिरे ग़म से जहन्नुम-बरदोश[2]
तूने दुनिया को भी फ़िरदौस[3] बना रक्खा है

मुझसे मत पूछ : 'तिरे इश्क़ में क्या रक्खा है?'
सोज़ को साज़ के पर्दे में छुपा रक्खा है
जगमगा उठती है दुनिया-ए-तखैयुल[4] जिससे
दिल में वो शोला-ए-जाँसोज़[5] दबा रक्खा है

1. अँधेरों का पर्दा, 2. जहन्नुम याने नरक जैसी, 3. जन्नत या स्वर्ग, 4. कल्पनालोक, 5. ज़िन्दगी को ख़ाक कर डालने वाला अंगारा

मुझे जाना है इक दिन

मुझे जाना है इक दिन तेरी बज़्मे-नाज़ से[1] आख़िर
अभी फिर दर्द टपकेगा मिरी आवाज़ से आख़िर
अभी फिर आग उट्ठेगी शिकस्ता साज़[2] से आख़िर
मुझे जाना है इक दिन तेरी बज़्मे-नाज़ से आख़िर

अभी तो हुस्न के पैरों पे' है जब्रे-हिना-बंदी[3]
अभी है इश्क़ पर आईने-फ़र्सूदा की[4] पाबंदी
अभी हावी है अक़्लो-रूह पर झूठी खुदाबंदी[5]
मुझे जाना है इक दिन तेरी बज़्मे-नाज़ से आख़िर

अभी तहजीब अद्लो-हक़ की कश्ती खे नहीं सकती[6]
अभी ये ज़िन्दगी दादे-सदाक़त[7] दे नहीं सकती
अभी इंसानियत दौलत से टक्कर ले नहीं सकती
मुझे जाना है इक दिन तेरी बज़्मे-नाज़ से आख़िर

अभी तो काइनात औहाम का[8] इक कारख़ाना है
अभी धोका हक़ीक़त है, हक़ीक़त इक फ़साना है
अभी तो ज़िन्दगी को ज़िन्दगी करके दिखाना है
मुझे जाना है इक दिन तेरी बज़्मे-नाज़ से आख़िर

अभी हैं शहर की तारीक[9]. गलियाँ मुंतज़िर[10] मेरी
अभी है इक हसीं तहरीके-तूफ़ाँ[11] मुंतज़िर मेरी
अभी शायद है इक ज़ंजीरे-ज़िंदाँ[12] मुंतज़िर मेरी
मुझे जाना है इक दिन तेरी बज़्मे-नाज़ से आख़िर

---

1. गर्वीली महफ़िल से, 2. टूटे हुए साज़ से, 3. मेहंदी लगाने पर पांबदी, 4. सड़ी-गली व्यवस्था, 5. दिल व दिमाग़ पर झूठी ईश्वर भक्ति, 6. अभी शिक्षा, न्याय और सच्चाई की नौका नहीं खे सकती, 7. सत्य की प्रशंसा, 8. सृष्टि वहमों-भ्रमों का, 9. अँधेरी, 10. इंतज़ार में हैं, 11. तूफ़ानी आंदोलन, 12. क़ैदख़ाने की हथकड़ी-बेड़ी

अभी तो फ़ाक़ाकश इंसान से आँखें मिलाना है
अभी झुलसे हुए चेहरों पे' अश्के-ख़ूँ बहाना है
अभी पामाले-जौर आदम[1] को सीने से लगाना है
मुझे जाना है इक दिन तेरी बज़्मे-नाज़ से आख़िर

अभी हर दुश्मने-बज़्मे-कुहन[2] के गीत गाना है
अभी हर लश्करे-जुलमत-शिकन[3] के गीत गाना है
अभी खुद सरफ़रोशाने-वतन[4] के गीत गाना है
मुझे जाना है इक दिन तेरी बज़्मे-नाज़ से आख़िर

कोई दम में हयाते-नौ[5] का फिर परचम उठाता हूँ
बाईमांए-हमीयत[6] जान की बाज़ी लगाता हूँ
मैं जाऊँगा, मैं जाऊँगा, मैं जाता हूँ, मैं जाता हूँ
मुझे जाना है इक दिन तेरी बज़्मे-नाज़ से आख़िर

---

1. जोर-जुल्म के शिकार इंसानों, 2. सड़ी-गली पुरानी व्यवस्था के दुश्मनों के, 3. अँधेरा मिटाने वाली फ़ौज, 4. देश भक्त शहीदों, 5. नई ज़िन्दगी, 6. आत्मसम्मान की हिफ़ाज़त के लिए।

मेहमान

आज की रात और बाक़ी है

कल तो जाना ही है सफ़र पे' मुझे
ज़िन्दगी मुंतज़िर है मुँह फाड़े
ज़िन्दगी, ख़ाको-ख़ून में लिथड़ी
आँख में शोला-हाय-तुंद[1] लिए—
दो घड़ी खुद को शादमाँ[2] कर लें
आज की रात और बाक़ी है

चलने ही को है इक समूम[3] अभी
रक़्स-फ़र्मा है रुहे-बर्बादी[4]
बरबरीयत के कारवानों से
ज़लज़ले में है सीना-ए-गेती[5],
ज़ौक़े-पिन्हाँ को कामराँ कर लें[6]
आज की रात और बाक़ी है

एक पैमान-ए-मये-सरजोश[7]
लुत्फ़े-गुफ़्तार, गर्मिए-आगोश[8]
बोसे, इस दर्जा आतशीं बोसे
फूँक डालें जो मिरी किश्ते-होश[9],
रूह यख़बस्ता है तपाँ कर लें[10]
आज की रात और बाक़ी है

---

1. भड़कते अंगारे, 2. विभोर, 3. जहरीली हवा, 4. बरबादी की रूह खुशी से नाच रही है, 5. दुनिया का सीना, 6. दिल की इच्छाओं को पूरा कर लें, 7. तेज़ शराब का प्याला, 8. गुफ़्तगू का लुत्फ़ और आलिंगन की गरमी, 9. होश या चेतना की खेती, 10. ठिठुरी और जमी हुई रूह को गर्मा लें

एक दो और साग़रे-सरशार[1]
फिर तो होना ही है मुझे हुशियार
छेड़ना ही है साज़े-ज़ीस्त[2] मुझे
आग बरसायेंगे लबे-गुफ़्तार[3],
कुछ तबीअत तो हम रवाँ कर लें
आज की रात और बाक़ी है

फिर कहाँ ये हसीं सुहानी रात
ये फ़राग़त, ये कैफ़ के लम्हात[4]
कुछ तो आसूदगि-ए-ज़ौक़े-निहाँ[5]
कुछ तो तस्कीने-शोरिशे-जज़्बात[6]
आज की रात जाविदाँ[7] कर लें
आज की रात, और आज की रात

1. लबालब प्याले, 2. ज़िन्दगी का साज़, 3. गुफ़्तगू करते होंठ, 4. ये फुर्सत के नशीले लम्हे या पल, 5. भीतरी प्यास को शांत, 6. मनोभावों की तृप्ति, 7. अमर

मजबूरियाँ

मैं आहें भर नहीं सकता कि नग़्मे गा नहीं सकता
सुकूँ लेकिन मिरे दिल को मुयस्सर[1] आ नहीं सकता
कोई नग़्मे तो क्या अब मुझसे मेरा साज़ भी ले ले
जो गाना चाहता हूँ, आह, वो मैं गा नहीं सकता
मताए-सोज़ो-साज़े-ज़िन्दगी, पैमाना-ओ-बरबत[2]
मैं खुद को इन खिलौनों से भी अब बहला नहीं सकता
वो बादल सर पे छाये हैं कि सर से हट नहीं सकते
मिला है दर्द वो दिल को, कि दिल से जा नहीं सकता
हवसकारी है जुर्मे-खुदकुशी मेरी शरीअत में[3]
ये हद्दे-आख़िरी है मैं यहाँ तक जा नहीं सकता
न तूफ़ाँ रोक सकते हैं न आँधी रोक सकती है
मगर फिर भी मैं उस क़स्रे-हसीं[4] तक जा नहीं सकता
वो मुझको चाहती है और मुझ तक आ नहीं सकती
मैं उसको पूजता हूँ और उसको पा नहीं सकता
ये मजबूरी सी मजबूरी, ये लाचारी सी लाचारी
कि उसके गीत भी जी खोल कर मैं गा नहीं सकता
ज़बाँ पर बेखुदी में नाम उसका आ ही जाता है
अगर पूछे कोई, ये कौन है, बतला नहीं सकता
कहाँ तक क़िस्सए-आलामे-फ़ुर्क़त[5], मुख़्तसर[6] ये है
यहाँ वो आ नहीं सकती, वहाँ मैं जा नहीं सकता
हदें वो खैंच रक्खी हैं हरम के पासवानों ने
कि बिन मुजरिम बने पैग़ाम भी पहुँचा नहीं सकता

1. पूरी तरह, 2. ज़िन्दगी के सुख-दुख का खजाना और शराब का प्याला और बरबत (बाजा), 3. वासना की लोलुपता मेरी धर्म-संहिता में आत्महत्या के अपराध के समान है, 4. प्रेमिका के भवन, 5. जुदाई की मुसीबतों का हाल, 6. संक्षेप में

ऐतिराफ़*

अब मिरे पास तुम आई हो तो क्या आई हो!

मैंने माना कि तुम इक पैकरे-रा'नाई[1] हो
चमने-दह्र में रूहे-चमन आराई हो[2]
तलअते-मेहर हो, फ़िर्दोस की बरनाई हो[3]
बिंते-महताब हो गर्दूं से उतर आई हो[4]
मुझसे मिलने में अब अंदेशा-ए-रुसवाई है
मैंने खुद अपने किये की ये सज़ा पाई है

ख़ाक में आह मिलाई है जवानी मैंने
शोलाज़ारों में जलाई है जवानी मैंने
शहरे-खूबाँ[5] में गवाँई है जवानी मैंने
ख़्वाबगाहों में जगाई है जवानी मैंने
हुस्न ने जब भी इनायत की नज़र डाली है
मेरे पैमाने-मुहब्बत ने सिपर डाली है[6]

उन दिनों मुझ पे' क़यामत का जुनूँ[7] तारी था
सर पे' सरशारिये-इश्रत का[8] जुनूँ तारी था
माहपारों से[9] मुहब्बत का जूनूँ तारी था
शहरयारों से रक़ाबत[10] का जुनूँ तारी था
बिस्तरे-मख़मलो-संजाब[11] थी दुनिया मेरी
एक रंगीनो-हसीं ख़्वाब थी दुनिया मेरी

---

* **ऐतिराफ़** = आत्मस्वीकार

1. साक्षात् सौंदर्य, 2. दुनिया के चमन में चमन की ख़ूबसूरती की रूह यानी आत्मा हो, 3. सूरज की रोशनी हो, जन्नत की जवानी हो, 4. चाँद की बेटी मानों आसमान से उतर आई हो, 5. खूबसूरत औरतों के शहर में, 6. मेरे इश्क़ के कौल यानी प्रतिज्ञा ने अपने हथियार डाल दिये हैं, 7. बला की दीवानगी, 8. ऐश व इश्रत की दीवानगी, 9. चाँद के टुकड़ों अर्थात् सुंदरियों से, 10. शहर के मालिकों से मुक़ाबला करने, 11. मखमली बिस्तरों वाली

जन्नते-शौक़ थी बेगाना-ए-आफ़ाते-समूम[1]
दर्द जब दर्द न हो, काविशे-दर्मां मालूम[2]
ख़ाक थे दीद-ए-बेबाक में गर्दूं के नुजूम[3]
बज़्में-परवीं थी निगाहों में कनीज़ों का हुजूम[4]
लैला-ए-नाज़-बर-अफ़गंदा निक़ाब आती है[5]
अपनी आँखों में लिए दावते-ख़्वाब[6] आती है

संग को गौहरे-नायाबो-गिराँ जाना था[7]
दश्ते-पुरख़ार को फिर्दोसे-जवाँ जाना था[8]
रेग को सिलसिलाए-आबे-रवाँ जाना था[9]
आह ये राज़ अभी मैंने कहाँ जाना था
मेरी हर फ़त्ह में है एक हज़ीमत पिन्हाँ[10]
हर मसर्रत में है राज़े-ग़मो-हस्रत पिन्हाँ[11]

क्या सुनोगी मेरी मजरूह[12] जवानी की पुकार!
मेरी फरियादे-जिगरदोज़, मिरा नाल-ए-ज़ार![13]
शिद्दते-कर्ब में डूबी हुई मेरी गुफ़्तार![14]
मैं कि खुद अपने मज़ाक़े-तरबआगीं का शिकार![15]
वो गुदाज़े-दिले-मरहूम[16] कहाँ से लाऊँ!
अब मैं वो जज़्बा-ए-मासूम[17] कहाँ से लाऊँ!

अब मिरे पास तुम आई हो तो क्या आई हो!

---

1. मोहब्बत की जन्नत ज़हरीली हवा की मुसीबतों से अपरिचित थी, 2. दर्द जब दर्द न होकर इलाज की कोशिश लगता था, 3. बेख़ौफ आँखों में आसमान के तारे धूल-मिट्टी प्रतीत होते थे, 4. सितारों जैसी सुंदरियों की महफ़िल बाँदियों की भीड़ नज़र आती थी, 5. रात चेहरे पर नक़ाब डाले हुए आती है, 6. नींद का आमंत्रण, 7. मामूली पत्थर को दुर्लभ और क़ीमती मोती समझ बैठा था, 8. कंटीले जंगलों को जवान जन्नत समझ बैठा था, 9. बालू को बहते पानी का सिलसिला समझ बैठा था, 10. मेरी हर जीत में एक हार समाई हुई है, 11. हरेक खुशी में चाह और दुखों का रहस्य छिपा हुआ है, 12. घायल, 13. मेरी दिल तोड़ने वाली फरियाद और मेरी दुख-भरी पुकार, 14. असह्य वेदना में डूबी मेरी बातें, 15. मैं खुद अपनी ही रुचियों-पसंदगियों का शिकार हुआ हूँ, 16. बीते हुए दिल की कोमलता, 17. सरलहृदयता।

नज़्रे-अलीगढ़

सरशारे-निगाहे-नर्गिस हूँ, पाबस्ता-ए-गेसू-ए-सुंबुल हूँ[1]
ये मेरा चमन है मेरा चमन, मैं अपने चमन का बुलबुल हूँ
हर आन यहाँ सहबा-ए-कुहन, इक साग़रे-नौ में ढलती है[2]
कलियों से हुस्न टपकता है, फूलों से जवानी उबलती है
जो ताक़-ए-हरम[3] में रौशन है, वो शमूअ यहाँ भी जलती है
इस दश्त के गोशे-गोशे से, इक जू-ए-हयात[4] उबलती है
इस्लाम के इस बुतख़ाने में, अस्नाम[5] भी है और आज़र[6] भी
तहज़ीब के इस मैख़ाने में, शमशीर भी है और साग़र भी
याँ हुस्न की बर्क़[7] चमकती है, याँ नूर[8] की बारिश होती है
हर आह यहाँ इक नग़्मा है, हर अश्क यहाँ इक मोती है
हर शाम है शामे-मिस्र यहाँ, हर शब है शबे-शीराज़[9] यहाँ
है सारे जहाँ का सोज़ यहाँ, और सारे जहाँ का साज़ यहाँ
ये दश्ते-जुनूँ[10] दीवानों का, ये बज़्मे-वफ़ा[11] परवानों की
ये शहरे-तरब[12] रूमानों का, ये खुल्दे-बरीं[13] अरमानों की
फ़ित्रत ने सिखाई है हमको, उफ़्ताद[14] यहाँ पर्वाज़[15] यहाँ
गाये हैं वफ़ा के गीत यहाँ, छेड़ा है जुनूँ का साज़ यहाँ
इस फ़र्श से हमने उड़-उड़ कर, अफ़्लाक[16] के तारे तोड़े हैं
नाहीद[17] से की है सरगोशी, परवीन[18] से रिश्ते जोड़े हैं
इस बज़्म में तेगें खेंची हैं, इस बज़्म में साग़र तोड़े हैं
इस बज़्म में आँख बिछाई है, इस बज़्म में दिल तक जोड़े हैं
इस बज़्म में नेज़े फेंके हैं, इस बज़्म में ख़ंजर चूमे हैं

1. नर्गिस की निगाहों से लबरेज़ हूँ और जुल्फ़ों की गुंझलकों में गिरफ़्तार हूँ, 2. हर पल यहाँ पुरानी शराब नये पात्र में ढलती है, 3. हरम के आले में, 4. ज़िन्दगी की नहर, 5. मूर्तियाँ, 6. निराकार, 7. बिजली, 8. दिव्य प्रकाश, 9. पुराने फ़ारस की रात, 10. दीवानगी का जंगल, 11. वफ़ा या भरोसे की महफ़िल, 12. हर्ष, उल्लास और मेलजोल का शहर, 13. सातवाँ याने सबसे ऊँचा स्वर्ग, 14. मुसीबतों का सामना करना, 15. ऊँची उड़ानें भरना, 16. आसमान, 17. ज्योतिष का एक ग्रह, 18. ज्योतिष का एक नक्षत्र

इस बज़्म में गिर कर तड़पे हैं, इस बज़्म में पीकर झूमे हैं
आ-आ के हज़ारों बार यहाँ खुद आग भी हमने लगाई है
फिर सारे जहाँ ने देखा है वो आग हमी ने बुझाई है
याँ हमने कमंदें[1] डाली हैं, यहाँ हमने शबख़ूँ[2] मारे हैं
याँ हमने क़बाएँ[3] नोची हैं, याँ हमने ताज उतारे हैं
हर आह है खुद तासीर यहाँ, हर ख़्वाब है खुद ताबीर[4] यहाँ
तदवीर के पाए-संगीं पर झुक जाती है तक़दीर यहाँ
ज़र्रात[5] का बोसा लेने को, सौ बार झुका आकाश यहाँ
खुद आँख से हमने देखी है बातिल की शिकस्ते-फ़ाश[6] यहाँ
इस गुलकदा-ए-पारीना[7] में फिर आग भड़कने वाली है
फिर अब्र गरजने वाला है, फिर बर्क़ कड़कने वाली है
जो अब्र यहाँ से उट्ठेगा वो सारे जहाँ पर बरसेगा
हर जू-ए-रवाँ[8] पर बरसेगा, हर कोहेगराँ[9] पर बरसेगा
हर सर्वो-समन[10] पर बरसेगा, हर दश्तो-दमन[11] पर बरसेगा
हर शहरे-तरब[12] पर गरजेगा, हर क़स्रे-तरब[13] पर कड़केगा
ये अब्र हमेशा बरसा है, ये अब्र हमेशा बरसेगा

---

1. फन्दे, 2. रात के अँधेरे में प्रतिद्वंद्वी समूह पर आक्रमण, 3. चोग़े, 4. स्वप्न-फल, 5. ज़र्रा (कण) का बहुवचन, 6. झूठ या असत्य की पराजय, 7. इस सदियों पुराने फूलों के घर में, 8. हरेक बहती हुई नदी-नहर, 9. पहाड़, 10. सरु के हरेक दरख़्त और चमेली के हरेक फूल, 11. जंगल-बस्ती, 12. खुशहाल शहर, 13. खुशहाल भवन

आवारा

शहर की रात और मैं नाशादो-नाकारा[1] फिरूँ
जगमगाती जागती सड़कों पे' आवारा फिरूँ
ग़ैर की बस्ती है, कब तक दर-ब-दर मारा फिरूँ
ऐ ग़मे-दिल क्या करूँ, ऐ वहशते-दिल क्या करूँ!

झिलमिलाते कुमकुमों की राह में ज़ंजीर सी
रात के हाथों में दिन की मोहनी तस्वीर सी
मेरे सीने पर मगर दहकी हुई शमशीर सी
ऐ ग़मे-दिल क्या करूँ, ऐ वहशते-दिल क्या करूँ!

ये रुपहली छाँव, ये आकाश पर तारों का जाल
जैसे सूफ़ी का तसव्वुर[2], जैसे आशिक़ का ख़याल
आह, लेकिन कौन जाने, कौन समझे जी का हाल
ऐ ग़मे-दिल क्या करूँ, ऐ वहशते-दिल क्या करूँ!

फिर वो टूटा इक सितारा, फिर वो छूटी फुलझड़ी
जाने किसकी गोद में आई ये मोती की लड़ी
हूक सी सीने में उट्ठी, चोट सी दिल पर पड़ी
ऐ ग़मे-दिल क्या करूँ, ऐ वहशते-दिल क्या करूँ!

रात हँस-हँस के ये कहती है कि मैख़ाने में चल
फिर किसी शहनाज़े-लालारुख़ के काशाने में[3] चल
ये नहीं मुमकिन तो फिर ऐ दोस्त वीराने में चल
ऐ ग़मे-दिल क्या करूँ, ऐ वहशते-दिल क्या करूँ!

हर तरफ़ बिखरी हुई रंगीनियाँ, रानाइयाँ[4]
हर क़दम पर इश्रतें[5] लेती हुई अँगड़ाइयाँ

1. उदास और बेकार, 2. ध्यानमग्नता, 3. लाला फूल के से चेहरे वाली के मकान में, 4. सुन्दरता, हुस्न, 5. सुख-भोग

बढ़ रही हैं गोद फैलाए हुए रुसवाइयाँ
ऐ ग़मे-दिल क्या करूँ, ऐ वहशते-दिल क्या करूँ!

रास्ते में रुक के दम ले लूँ, मिरी आदत नहीं
लौट कर वापस चला जाऊँ, मिरी फ़ित्रत[1] नहीं
और कोई हमनवा[2] मिल जाय, ये क़िस्मत नहीं
ऐ ग़मे-दिल क्या करूँ, ऐ वहशते-दिल क्या करूँ!

मुंतज़िर[3] है एक तूफ़ाने-बला मेरे लिए
अब भी जाने कितने दर्वाज़ें हैं, वा[4] मेरे लिए
पर मुसीबत है मिरा अहदे-वफ़ा[5] मेरे लिए
ऐ ग़मे-दिल क्या करूँ, ऐ वहशते-दिल क्या करूँ!

जी में आता है कि अब अहदे-वफ़ा भी तोड़ दूँ
उनको पा सकता हूँ मैं, ये आसरा भी तोड़ दूँ
हाँ, मुनासिब है, ये ज़ंजीरे-हवा भी तोड़ दूँ
ऐ ग़मे-दिल क्या करूँ, ऐ वहशते-दिल क्या करूँ!

इक महल की आड़ से निकला वो पीला माहताब
जैसे मुल्ला का अमामा[6], जैसे बनिये की किताब
जैसे मुफ़लिस की जवानी, जैसे बेवा का शबाब
ऐ ग़मे-दिल क्या करूँ, ऐ वहशते-दिल क्या करूँ!

दिल में इक शोला भड़क उट्ठा है, आख़िर क्या करूँ
मेरा पैमाना छलक उट्ठा है, आख़िर क्या करूँ
ज़ख़्म सीने में महक उट्ठा है, आख़िर क्या करूँ
ऐ ग़मे-दिल क्या करूँ, ऐ वहशते-दिल क्या करूँ!

जी में आता है ये मुर्दा चाँद-तारे नोच लूँ
इस किनारे नोच लूँ और उस किनारे नोच लूँ
एक-दो का ज़िक्र क्या, सारे के सारे नोच लूँ
ऐ ग़मे-दिल क्या करूँ, ऐ वहशते-दिल क्या करूँ!

---

1. स्वभाव, 2. साथी, 3. इंतज़ार करती, 4. खुला हुआ, 5. वफ़ादारी, 6. पगड़ी

मुफ़लिसी और ये मज़ाहिर[1] हैं नज़र के सामने
सैकड़ों सुल्ताने-जाबिर[2] हैं नज़र के सामने
सैकड़ों चंग़ेज़ो-नादिर हैं नज़र के सामने
ऐ ग़मे-दिल क्या करूँ, ऐ वहशते-दिल क्या करूँ!

लेके इक चंग़ेज़ के हाथों से ख़ंजर तोड़ दूँ
ताज पर उसके दमकता है जो पत्थर तोड़ दूँ
कोई तोड़े या न तोड़े, मैं ही बढ़कर तोड़ दूँ
ऐ ग़मे-दिल क्या करूँ, ऐ वहशते-दिल क्या करूँ!

बढ़के इस इंदर-सभा का साज़ो-सामाँ फूँक दूँ
इसका गुलशन फूँक दूँ, उसका शबिस्ताँ[3] फूँक दूँ
तख़्ते-सुल्ताँ क्या, मैं सारा क़स्रे-सुल्ताँ[4] फूँक दूँ
ऐ ग़मे-दिल क्या करूँ, ऐ वहशते-दिल क्या करूँ!

---

1. गरीबी और ये दृश्य, 2. जालिम बादशाह, 3. शयनागार, 4. शाही महल

दिल्ली से वापसी

रुख़्सत[1] ऐ दिल्ली, तिरी महफ़िल से अब जाता हूँ मैं
नौहागर[2] जाता हूँ मैं, नाला-ब-लब[3] जाता हूँ मैं
याद आयेंगे मुझे तेरे ज़मीनो-आस्माँ
रह चुके हैं मेरी जौलाँगाह[4] तेरे बोस्ताँ[5]
तेरा दिल धड़का चुके हैं मेरे अहसासात भी
तेरे ऐवानों में गूँजे हैं मिरे नग़्मात भी
रश्के-शीराज़े-कुहन, हिंदोस्ताँ की आबरू[6]
सरज़मीने-हुस्नो-मौसीक़ी, बहिश्ते-रंगो-बू[7]
मा'बदे-हुस्नो-मुहब्बत, बारगाहे-सोज़ो-साज़[8]
तेरे बुतख़ाने हसीं, तेरा कलीसा दिलनवाज़
ज़िक्र यूसुफ़ का तो क्या कीजै तिरी सरकार में
खुद जुलेख़ा आके बिकती है तिरे बाज़ार में
जन्नतें आबाद हैं तेरे दरो-दीवार में
और तू आबाद खुद शा'इर के क़ल्बे-ज़ार[9] में
महफ़िले-साक़ी सलामत! बज़्मे-अंजुम बरक़रार![10]
नाज़नीनाने-हरम पर रहमते-परवरदिगार![11]
याद आयेगी मुझे बेतरह याद आयेगी तू
ऐन वक़्ते-मैकशी आँखों में फिर जायेगी तू
क्या कहूँ किस शौक़ से आया था तेरी बज़्म में
छोड़ कर खुल्दे-अलीगढ़ की हज़ारों महफ़िलें
कितने रंगीं अहदो-पैमाँ[12] तोड़ कर आया था मैं
दिल नवाज़ाने-चमन को छोड़ कर आया था मैं

1. विदा, 2. बिलखता हुआ, 3. आर्तनाद करता हुआ, 4. क्रीड़ास्थली, 5. बाग़-बगीचे, 6. हिन्दुस्तान की इज़्ज़त, जिस से प्राचीन फारस देश भी ईर्ष्या करता रहा, 7. सुन्दरता और संगीत की धरती और रंग व खुशबू की जन्नत, 8. सौंदर्य व प्रेम का मन्दिर, सोज़ और साज़ की राजसभा, 9. कमजोर दिल में, 10. साक़ी की महफिल सलामत रहे, सितारों की बैठकें चलती रहें, 11. हरम की सुंदरियों पर ईश्वर की कृपा रहे, 12. वचन, वादे

इक नशेमन[1] मैंने छोड़ा, इक नशेमन छुट गया
साज़ बस छेड़ा ही था मैंने कि गुलशन लुट गया
दिल में सोज़े-ग़म की इक दुनिया लिये जाता हूँ मैं
आज तेरे मैकदे से बे-पिये जाता हूँ मैं
जाते-जाते लेकिन इक पैमाँ[2] किये जाता हूँ मैं
अपने अज़्मे-सरफ़रोशी की[3] क़सम खाता हूँ मैं
फिर तिरी बज़्मे-हसीं में लौट कर आऊँगा मैं
आऊँगा मैं और बअंदाज़े-दिगर[4] आऊँगा मैं
ओह, वो चक्कर दिये हैं गर्दिशे-अय्याम[5] ने
खोल कर रख दी हैं आँखें तल्ख़ी-ए-आलाम[6] ने
फ़ित्रते-दिल दुश्मने-नग़्मा हुई जाती है अब[7]
ज़िन्दगी इक बर्क़[8], इक शोला हुई जाती है अब
सिर से पा तक एक ख़ूनी राग बनकर आऊँगा
लालाज़ारे-रंगो-बू[9] में आग बनकर आऊँगा

1. घोसला, 2. संकल्प या प्रतिज्ञा, 3. जान पर खेल जाने के संकल्प, 4. अलग तरह से, 5. काल के चक्के ने, 6. दुखों की कटुता, 7. दिल का स्वभाव गीतों का दुश्मन हुआ जाता है, 8. बिजली, 9. रंगों और खुश्बूओं के बगीचों में।

साक़ी

मिरी मस्ती में अब होश ही का तौर है साक़ी
तिरे साग़र में ये सहबा[1] नहीं, कुछ और है साक़ी

भड़कती जा रही है दम-ब-दम इक आग सी दिल में
य' कैसे जाम हैं साक़ी, य' कैसा दौर है साक़ी

वो शै दे जिससे नींद आ जाय अक़्ले-फ़ित्नापरवर को[2]
कि दिल आज़ुर्दहे-तमईज़े-लुत्फ़ो-जौर है[3] साक़ी

जवानी, और यूँ घिर जाय तूफ़ाने-हवादिस[4] में
खुदा रक्खे, अभी तो बेखुदी का दौर है साक़ी

छलकती है जो तेरे जाम से उस मय को क्या कहना
तिरे शादाब होंठों की मगर कुछ और है साक़ी

मुझे पीने दे, पीने दे कि तेरे जामे-लाली[5] में
अभी कुछ और है, कुछ और है, कुछ और है साक़ी

1. शराब, 2. उपद्रवी बुद्धि, 3. कृपा और अत्याचार में अन्तर के प्रति उदासीन, 4. हादसों के तूफ़ान, 5. लाल होंठों के प्याले में

नूरा

(नर्स की चारागरी[1])

वो नौख़ेज़ नूरा, वो इक बिन्ते-मरियम[2]
वो मख़्मूर आँखें, वो गेसू-ए-पुरख़म[3]
वो अर्ज़े-कलीसा की इक माहपारा[4]
वो दैरो-हरम के लिए इक शरारा[5]
वो फ़िर्दौसे-मरियम का इक गुंचा-ए-तर[6]
वो तस्लीस की दुख़्तरे-नेक अख़्तर[7]
वो इक नर्स थी चारागर जिसको कहिए
मुदावा-ए-दर्दे-जिगर[8] जिसको कहिए
जवानी से तिफ़्ली[9] गले मिल रही थी
हवा चल रही थी कली खिल रही थी
वो पुररोब तेवर वो शादाब चेहरा
मता-ए-जवानी पे फ़ित्रत का पहरा[10]
'मिरी हुक्मरानी है अहले-ज़मीं पर'
ये तहरीर था साफ़ उसकी जबीं पर[11]
सफ़ेद और शफ़्फ़ाफ़ कपड़े पहन कर
मिरे पास आती थी इक हूर बन कर
वो इक आस्मानी फ़रिश्ता थी गोया
कि अंदाज़ था उसमें जिबरील का-सा
वो तस्कीने-दिल थी सुकूने-नज़र थी
निगारे-शफ़क़ थी जमाले-सहर थी[12]

---

1. इलाज, तीमारदारी, 2. वो नूरा नाम की युवती, वो मरियम की बेटी, 3. वो नशीली आँखें वो घुँघराले केश, 4. वो ईसाइयों के मुल्क का चाँद का एक टुकड़ा, 5. मन्दिर-मस्जिद के लिए वो एक चिनगारी, 6. मरियम के स्वर्ग की एक खिली हुई कली, 7. वो ईसाइयत की नेक बेटी, 8. दिल के दर्द का इलाज, 9. बचपन, 10. जवानी की दौलत पर कुदरत का पहरा, 11. उसके माथे पर साफ़-साफ़ लिखा था, 12. भोर की लालिमा की खूबसूरती थी वो।

वो शोला, वो बिजली, वो जल्वा, वो परतौ
सुलेमाँ की वो इक कनीज़े-सुबकरौ[1]
कभी उसकी शोख़ी में संजीदगी थी
कभी उसकी संजीदगी में भी शोख़ी
घड़ी चुप, घड़ी करने लगती थी बातें
सिरहने मिरे काट देती थी रातें
अजब चीज़ थी वो, अजब राज़ थी वो
कभी सोज़ थी वो, कभी साज़ थी वो
नक़ाहत के आलम में[2] जब आँख उठती
नज़र मुझको आती मोहब्बत की देवी
वो इस वक़्त इक पैकरे-नूर[3] होती
तख़ैयुल की परवाज़[4] से दूर होती
वो इंजील पढ़कर सुनाती थी मुझको
हँसाती थी मुझको, रुलाती थी मुझको
दवा अपने हाथों से मुझको पिलाती
'अब अच्छे हो' हर रोज़ मुज़्दा[5] सुनाती
सिरहने मिरे एक दिन सर झुकाए
वो बैठी थी तकिये पे कोहनी टिकाए
ख़यालाते-पैहम[6] में खोई हुई सी
न जागी हुई सी, न सोई हुई सी
झपकती हुई बार-बार उसकी पलकें
जबीं पुरशिकन[7] बेक़रार उसकी पलकें
वो आँखों के साग़र छलकते हुए से
वो आरिज़ के शोले भड़कते हुए से
लबों में था लालो-गुहर का ख़ज़ाना
नज़र आरिफ़ाना, अदा राहिबाना[8]
महक गेसुओं से चली आ रही थी
मिरे हर नफ़स[9] में बसी जा रही थी

1. बादशाह सुलेमान की मधुर चाल वाली एक दासी, 2. कमज़ोरी की हालत में, 3. रोशनी की मूर्ति, 4. कल्पना की उड़ान, 5. शुभ समाचार, 6. अपने ध्यान में, 7. सलवटों भरा माथा, 8. नज़र पहुँचे हुए ज्ञानियों की जैसी और चालढाल बैरागियों के जैसी, 9. हर सांस

मुझे लेटे-लेटे शरारत की सूझी
वो सूझी भी तो किस क़यामत की सूझी
ज़रा बढ़ के कुछ और गर्दन झुका ली
लबे-लाले-अफ़्शाँ से इक शै चुरा ली[1]
वो शै जिसको अब क्या कहूँ क्या समझिए
बहिश्ते-जवानी का तोहफ़ा[2] समझिए
मैं समझा था शायद बिगड़ जायेगी वो
हवाओं से लड़ती है लड़ जायेगी वो
मैं देखूँगा उसके बिफरने का आलम
जवानी का गुस्सा बिखरने का आलम
इधर दिल में इक शोरे-महाशर बपा था[3]
मगर उस तरफ़ रंग ही दूसरा था
हँसी, और हँसी इस तरह खिलखिला कर
कि शम्मे-हया[4] रह गई झिलमिला कर
नहीं जानती है मिरा नाम तक वो
मगर भेज देती है पैग़ाम तक वो
ये पैग़ाम आते ही रहते हैं अक्सर
कि किस रोज़ आओगे बीमार होकर?

---

1. लाली बिखेरते होंठों का एक बोसा ले लिया, 2. जवानी के स्वर्ग का उपहार, 3. दिल में प्रलय काल के जैसा शोर हो रहा था, 4. लज्जा रूपी शमा।

एक ग़मगीन याद

मिरे पहलू-ब-पहलू जब वो चलती थी गुलिस्ताँ में
फ़राज़े-आस्माँ पर कहकशाँ हसरत से तकती थी[1]
मोहब्बत जब चमक उठती थी उसकी चश्मे-खंदां[2] में
ख़ुमस्ताने-फ़लक से नूर की सहबा छलकती थी[3]

मिरे बाज़ू पे' जब वो ज़ुल्फ़े-शबगूँ[4] खोल देती थी
ज़माना नकहते-ख़ुल्दे-बरीं में डूब जाता था[5]
मिरे शाने पे जब सर रख के ठंडी साँस लेती थी
मिरी दुनिया में सोज़ो-साज़ का तूफ़ान आता था

वो मेरा शे'र जब मेरी ही लै में गुनगुनाती थी
मनाज़िर झूमते थे बामो-दर को वज्द आता था[6]
मिरी आँखों में आँखें डाल कर जब मुस्कुराती थी
मिरे ज़ुल्मतकदे[7] का ज़र्रा ज़र्रा जगमगाता था

उमड़ आते थे जब अश्के-मोहब्बत उसकी पलकों पर
टपकती थी दरो-दीवार से शोख़ी तबस्सुम की[8]
जब उसके होंठ आ जाते थे अज़-ख़ुद[9] मेरे होंठों तक
झपक जाती थीं आँखें आस्माँ पर माहो-अंजुम[10] की

वो जब हंगामे-रुख़्सत[11] देखती थी मुझको मुड़ मुड़ कर
तो ख़ुद फ़ित्रत के दिल में महशरे-जज़्बात होता था[12]
वो महवे-ख़्वाब[13] जब होती थी अपने नर्म बिस्तर पर
तो उसके सर पे' मरियम का मुक़द्दस[14] हाथ होता था

---

1. आसमान की ऊँचाई पर आकाशगंगा हसरत से भरकर ताकती थी, 2. हँसती हुई आँखों में, 3. आसमान के मैख़ाने से रोशनी की शराब छलकती थी, 4. रात के जैसे काले केश, 5. ज़माना एक तरह की स्वर्ग की ख़ुश्बू में डूब जाता था, 6. नज़ारे झूम उठते थे और छत व दरवाज़े ख़ुशी से नाचने लग जाते थे, 7. अँधेरे में डूबे दिल, 8. मुस्कुराहट की शोख़ी, 9. ख़ुद-ब-ख़ुद, 10. चाँद-तारों की, 11. विदा होते वक़्त, 12. उस वक़्त स्वयं क़ुदरत का दिल भावोच्छ्वास से उमड़ने लग जाता था, 13. स्वप्नलीन, 14. पवित्र-पाक

ख़्वाबे-सहर*

मेहर[1] सदियों से चमकता ही रहा अफ़लाक[2] पर।
रात ही तारी रही इन्सान के इद्राक[3] पर ॥

अक़्ल के मैदान में ज़ुल्मत[4] का डेरा ही रहा।
दिल में तारीकी, दिमाग़ों में अँधेरा ही रहा ॥

इक न इक मज़हब की सइए-ख़ाम[5] भी होती रही।
अहले-दिल पर बारिशे-इल्हाम[6] भी होती रही ॥

आसमानों से फ़रिश्ते भी उतरते ही रहे।
नेक बंदे भी खुदा का काम करते ही रहे ॥

इब्ने-मरियम[7] भी उठे, मूसा-ए-इम्राँ[8] भी उठे।
रामो-गौतम भी उठे, फ़िरऔनो-हामाँ[9] भी उठे ॥

अहले-सैफ़[10] उठते रहे, अहले-किताब[11] आते रहे।
इंजनाब उठते रहे, और आँजनाब आते रहे ॥

हुक्मराँ दिल पर रहे सदियों तलक असनाम[12] भी।
अब्रे-रहमत[13] बन के छाया दहर पर[14] इस्लाम भी ॥

मस्जिदों में मौलवी खुत्बे सुनाते ही रहे।
मंदिरों में बिरहमन अश्लोक गाते ही रहे ॥
आदमी मिन्नतकशे-अर्बाबे-इर्फ़ां ही रहा।[15]
दर्दे-इंसानी मगर महरूमे-दर्मां[16] ही रहा ॥

---

* **ख़्वाबे-सहर** = सुबह का सपना

1. सूरज, 2. आसमान, 3. दिमाग़, 4. अँधेरे, अज्ञान, 5. असफल कोशिशें, 6. देववाणियों की वर्षा, 7. ईसा मसीह, 8. हज़रत मूसा, 9. फ़िरऔन आदि निरंकुश बादशाह, 10. तलवारबाज़, 11. वेद, उपनिषद, बाइबिल, कुरान आदि धर्म ग्रन्थों के रचयिता, 12. सदियों तक दिलों पर मूर्तियाँ हकूमत करती रहीं, 13. कृपा का बादल, 14. दुनिया पर, 15. आदमी देवताओं की कृपा ही चाहता रहा, 16. उपचार से वंचित

इक न इक दर पर जबीने-शौक़[1] घिसती ही रही।
आदमीयत जुल्म की चक्की में पिसती रही ॥

रहबरी जारी रही, पैग़म्बरी जारी रही।
दीन के पर्दे में जंगे-ज़रगरी जारी रही ॥[2]

अहले-बातिन[3] इल्म से सीनों को गर्माते रहे।
जिहल के[4] तारीक साये हाथ फैलाते रहे ॥

ये मुसलसल आफ़तें, ये यूरिशें[5] ये क़त्ले-आम।
आदमी कब तक रहे औहामे-बातिल[6] का गुलाम ॥

जेहने-इंसानी ने अब औहाम के जुल्मात में[7]
ज़िन्दगी की सख़्त तूफ़ानी अँधेरी रात में

कुछ नहीं तो कम से कम ख़्वाबे-सहर देखा तो है !
जिस तरफ़ देखा न था अब तक, उधर देखा तो है !!

---

1. मुक्ति-मार्ग की जिज्ञासा से भरा माथा, 2. धर्म की आड़ में दौलतमंदी की जंग जारी रही, 3. ब्रह्मज्ञानी, 4. जहालत, 5. आक्रमण, 6. झूठे भ्रमों का, 7. इंसानी दिमाग़ ने झूठे भ्रमों के अँधेरे में

बोल, अरी ओ धरती बोल!

बोल, अरी ओ धरती बोल!
राज सिंहासन डावाँडोल!!

बादल, बिजली, रैन अँधियारी
दुख की मारी परजा सारी
बूढ़े-बच्चे; सब दुखिया हैं
दुखिया नर हैं, दुखिया नारी
बस्ती-बस्ती लूट मची है
सब बनिये हैं, सब व्योपारी—
बोल, अरी ओ धरती बोल!
राज सिंहासन डावाँडोल!!

कलजुग में जग के रखवाले
चाँदी वाले, सोने वाले
देसी हों या परदेसी हों
नीले, पीले, गोरे, काले
मक्खी-भुनगे भिन-भिन करते
ढूँढ़े हैं मकड़ी के जाले—
बोल, अरी ओ धरती बोल!
राज सिंहासन डावाँडोल!!

क्या अफरंगी, क्या तातारी
आँख बची और बर्छी मारी
कब तक जनता की बेचैनी
कब तक जनता की बेजारी
कब तक सरमाये के धंधे
कब तक यह सरमायादारी—
बोल, अरी ओ धरती बोल!
राज सिंहासन डावाँडोल!!

नामी और मशहूर नहीं हम
लेकिन क्या मज़दूर नहीं हम!
धोका, और मज़दूरों को दें
ऐसे तो मजबूर नहीं हम!
मंज़िल अपने पाँव के नीचे
मंज़िल से अब दूर नहीं हम—
बोल, अरी ओ धरती बोल!
राज सिंहासन डावाँडोल!!

बोल कि तेरी ख़िदमत की है
बोल कि तेरा काम किया है
बोल कि तेरे फल खाये हैं
बोल कि तेरा दूध पिया है
बोल कि हमने हश्र* उठाया
बोल कि हमसे हश्र उठा है
बोल कि हमसे जागी दुनिया
बोल कि हमसे जागी धरती!
बोल, अरी ओ धरती बोल!
राज सिंहासन डावाँडोल!!

* प्रलय यानी तूफ़ान

शौक़े-गुरेज़ाँ*

दैरो-काबा का मैं नहीं क़ाइल[1]
दैरो-काबा को आस्ताँ[2] न बना
मुझमें तू रूहे-सरमदी[3] मत फूँक
रौनक़े-बज़्मे-आरिफ़ाँ[4] न बना
दश्ते-ज़ुल्मात[5] में भटकने दे
मेरी राहों को कहकशाँ न बना
इश्रते-जह्लो-तीरगी[6] मत छीन
महरमे-राज़े-दो जहाँ[7] न बना
बिजलियों से जहाँ न हो चश्मक
उस गुलिस्ताँ में आशियाँ न बना
मेरी जानिब निगाहे-लुत्फ़ न कर
ग़म को इस दर्जा कामराँ[8] न बना
इस ज़मीं को ज़मीं ही रहने दे
इस ज़मीं को तू आस्माँ न बना
राज़ तेरा छुपा नहीं सकता
मुझे तू अपना राज़दाँ न बना

---

* **शौक़े-गुरेज़ाँ** = मायाजंजाल से मुक्ति की चाह

1. मन्दिर-मस्जिद में मेरा विश्वास नहीं, 2. दहलीज या चौखट, 3. वो रूह जो नष्ट नहीं होती, 4. ब्रह्मज्ञानियों की सभा की रौनक, 5. अज्ञान रूपी अँधेरे के जंगल में, 6. अज्ञान और अँधेरे का आनंद, 7. दोनों लोकों के रहस्य का ज्ञाता, 8. कामयाब

शिकवा-ए-मुख़्तसर*

मुझे शिकवा नहीं दुनिया की उन ज़ोहरा जबीनों से
हुई है जिनसे मेरे शौक़े-रुस्वा की पज़ीराई[1]
मुझे शिकवा नहीं उन पाक बातिन नुक्ताचीनों से[2]
लबे-मौज्ज़िनुमा ने[3] जिनके मुझ पर आग बरसाई
मुझे शिकवा नहीं तहज़ीब के उन पासबानों से[4]
न लेने दी जिन्होंने फित्रते-शायर[5] को अँगड़ाई
मुझे शिकवा नहीं दैरो-हरम के आस्तानों से[6]
वो, जिनके दर पे की है मुद्दतों मैंने जबीं साई[7]
मुझे शिकवा नहीं उफ़्तादग़ाने-ऐशो-इश्रत से[8]
वो, जिनको मेरे हाले-ज़ार[9] पर अक्सर हँसी आई
मुझे शिकवा नहीं उन साहबाने-जाहो सरवत से[10]
नहीं आई मिरे हिस्से में जिनकी एक भी पाई,
ज़माने के निज़ामे-ज़ंग आलूदा[11] से शिकवा है
कवानीने-कुहन[12], आईने-फ़र्सूदा[13] से शिकवा है

---

* **शिकवा-ए-मुख़्तसर** = संक्षिप्त शिकायतें

1. मेरे बदनाम प्रेम को कबूला है, 2. धर्मात्मा आलोचकों से, 3. दिमाग़ को हैरत में डालने वाले जिनके होंठों ने, 4. सभ्यता के उन रक्षकों से, 5. कवि के स्वभाव को, 6. मन्दिर-मस्जिद के चौखटों से, 7. माथा रगड़ा है, 8. विलासी लोगों से, 9. बदहाली, 10. धनी लोगों से, 11. ज़ंग लगी हुकूमत, 12.-13. पुराने और सड़े-गले नियम-कानूनों से।

वतन आशोब*

सब्ज़ा-ओ-बर्गो-लाला-ओ-सर्वो-समन[1] को क्या हुआ?
सारा चमन उदास है, हाय चमन को क्या हुआ?

एक सुकूत[2] हर तरफ़ होशरुबा-ओ-हौलनाक[3]
खुल्दे-वतन के पासबाँ[4], खुल्दे-वतन को क्या हुआ?

रक़्से-तरब[5] किधर गया, ऩग्मा-तराज़[6] क्या हुआ
ग़म्ज़ा-ओं-नाज़[7] क्या हुए, अश्वा-ओ-फ़न[8] को क्या हुआ?

जिसकी नवाए-दिलसिताँ ज़मज़मा-ए-साज़े-शौक़ थी[9]
कोई बताओ उस बुते-गुंचा दहन[10] को क्या हुआ?

छाई है क्यों फ़सुर्दगी[11] आलमे-हुस्नो-इश्क़ पर[12]
आज वो 'नल[13] किधर गये, आज 'दमन[14] को क्या हुआ?

आँखों में ख़ौफ़ो-यास[15] है, चेहरा उदास-उदास है
अस्रे-रवाँ की लैला-ए-बुर्क़ा फ़िगन को क्या हुआ?[16]

* आशोब का शाब्दिक अर्थ हलचल, उथल-पुथल, बलवा, इंक़लाब आदि होता है। किन्तु उर्दू शाइरी में 'शहर आशोब', 'वतन आशोब', किसी शहर या मुल्क की बदहाली को केन्द्र में रखकर रचे गये उदासी भरे शोकगीत के लिए प्रयुक्त होता है। मजाज़ ने यह नज़्म हिन्दुस्तान की आज़ादी के तीन साल बाद, 1950 में लिखी थी। इसे फ़ैज़ की मशहूर नज़्म 'सुबहे आज़ादी' ('ये दाग़-दाग़ उजाला') से जोड़ कर पढ़ा जाना चाहिए। **—सुरेश सलिल**

1. हरियाली, फूल-पत्ती, बाग़-बगीचे, 2. चुप्पी, 3. होश उड़ाने वाला और डरावना, 4. देश रूपी स्वर्ग के रखवालो, 5. खुशी का नृत्य, 6. गायक, 7. नाज़ो-अदा, 8. सुन्दर स्त्रियों के हाव-भाव व कलाप्रियता, 9. जिसकी दिल लुभाने वाली आवाज़, इश्क़ के साज़ से निकलने वाले मधुर संगीत जैसी थी, 10. कली जैसे मुखड़े वाली उस सुंदरी, 11. उदासी, 12. खूबसूरती और इश्क़ की दुनिया पर, 13-14. नल-दमयंती, 15. भय और निराशा, 16. पर्दादारी को उतार फेंकने वाली उस आधुनिकता लैला को क्या हो गया?

आह, ख़िरद[1] किधर गई, आह, जुनूँ ने क्या किया
आह, शबाबे-खूगरे-दारो-रसन[2] को क्या हुआ?

कोई बताये अज़्मते-ख़ाके-वतन[3] कहाँ है अब
कोई बताये ग़ैरते-अहले-वतन[4] को क्या हुआ?

कोह[5] वही, दमन[6] वही, दश्त[7] वही, चमन वही
फिर ये 'मजाज़' जज़्बए-हुब्बे-वतन[8] को क्या हुआ?

---

1. बुद्धि, 2. सूली और फाँसी की आदी जवानी, 3. देश की मिट्टी की महानता, 4. देशवासियों के स्वाभिमान को, 5. पहाड़, 6. बियाबान, 7. जंगल, 8. देश प्रेम की भावना।

ग़ज़लें

(1)

हुस्न को बे हिजाब[1] होना था
शौक़ को कामयाब होना था

हिज्र में कैफ़े-इज़्तिराब[2] न पूछ
ख़ूने-दिल भी शराब होना था

तेरे जलवों में घिर गया आख़िर
ज़र्रे को आफ़ताब होना था

कुछ तुम्हारी निगाह काफ़िर थी
कुछ मुझे भी ख़राब होना था

रात तारों का टूटना भी मजाज़
बाइसे-इज़्तिराब[3] होना था।

1. बेपर्दा, 2. व्यग्रता या आतुरता की खुशी, 3. व्यग्रता की वजह

(2)

कमाले-इश्क़ है दीवाना हो गया हूँ मैं
य' किसके हाथ से दामन छुड़ा रहा हूँ मैं

तुम्हीं तो हो जिसे कहती है नाखुदा[1] दुनिया
बचा सको तो बचा लो, कि डूबता हूँ मैं

ये मिरे इश्क़ की मजबूरियाँ मआज़-अल्लाह[2]
तुम्हारा राज़ तुम्हीं से छुपा रहा हूँ मैं

इस इक हिजाब पे सौ बे हिजाबियाँ सदक़े
जहाँ से चाहता हूँ, तुमको देखता हूँ मैं

बताने वाले वहीं पर बताते हैं मंज़िल
हज़ार बार जहाँ से गुज़र चुका हूँ मैं

कभी ये ज़ोम[3] कि तू मुझसे छिप नहीं सकता
कभी ये वहम कि खुद भी छुपा हुआ हूँ मैं

मुझे सुने न कोई मस्ते-बादा-ए-इश्रत[4]
मजाज़ टूटे हुए दिल की इक सदा[5] हूँ मैं

---

1. माँझी, नाविक, 2. खुदा या अल्लाह की पनाह या शरण, 3. घमंड, 4. आनंद-मदिरा की मस्ती में चूर 5. आवाज़

(3)

हुस्न फिर फ़ित्नागर[1] है, क्या कहिए
दिल की जानिब नज़र है, क्या कहिए

फिर वही रहगुज़र है, क्या कहिए
ज़िन्दगी राह पर है, क्या कहिए

हुस्न खुद पर्दादर[2] है, क्या कहिए
ये हमारी नज़र है, क्या कहिए

आह तो बे असर थी बरसों से
नग्मा भी बे असर है, क्या कहिए

हुस्न है अब, न हुस्न के जलवे
अब नज़र ही नज़र है, क्या कहिए

आज भी है मजाज़ ख़ाकनशीं[3]
औ' नज़र अर्श[4] पर है, क्या कहिए

1. ऊधमी, 2. पर्दे में, 3. ज़मीन पर रहने वाला, 4. आसमान

(4)

बर्बादि-तमन्ना पे' इताब[1] और ज़ियादा
हाँ, मेरी मोहब्बत का जवाब और ज़ियादा

रोए न अभी अहले-नज़र[2] हाल प' मेरे
होना है अभी मुझको ख़राब और ज़ियादा

आवारा-ओ-मजनूं ही पे मौक़ूफ़[3] नहीं कुछ
मिलने हैं अभी मुझको ख़िताब और ज़ियादा

टपकेगा लहू और मिरे दीदा-ए-तर से
धड़केगा दिले-ख़ानाख़राब और ज़ियादा

होगी मिरी बातों से उन्हें और भी हैरत
आएगा उन्हें मुझसे हिजाब[4] और ज़ियादा

ऐ मुत्रिबे-बेबाक[5] कोई और भी नग़्मा
ऐ साक़ी-ए-फ़ैयाज़[6] शराब और ज़ियादा

---

1. गुस्सा, क्रोध, 2. पारखी, क़द्रदान, 3. अंत या इतिश्री, 4. लाज, 5. खुलकर गाने वाला, 6. खुले दिल वाला साक़ी या शराब परोसने वाला।

(5)

कुछ तुझको ख़बर है हम क्या-क्या, ऐ शोरिशे-दौराँ[1] भूल गये
वो जुल्फ़े-परीशाँ[2] भूल गये, वो दीदा-ए-गिरियाँ[3] भूल गये

ऐ शौक़े-नज़ारा[4] क्या कहिए, नज़रों में कोई सूरत ही नहीं
ऐ ज़ौक़े-तसव्वुर[5] क्या कीजै, हम सूरते-जानाँ[6] भूल गये

अब गुल से नज़र मिलती ही नहीं, अब दिल की कली खिलती ही नहीं
ऐ फ़स्ले-बहाराँ रुख़्सत हो, हम लुत्फ़े-बहाराँ भूल गये

सब का तो मुदावा[7] कर डाला, अपना ही मुदावा कर न सके
सब के तो गरेबाँ सी डाले, अपना ही गरेबाँ भूल गये

ये अपनी वफ़ा का आलम है, अब उनकी जफ़ा को क्या कहिए
इक नश्तरे-जहरआगीं[8] रख कर नज़दीके-रगे-जाँ[9] भूल गये

---

1. दुनिया के उपद्रव, 2. उनके बिखरे बाल, 3. रोती आँखें, 4. देखने की हसरत, 5. सोचने या कल्पना करने की आदत या स्वभाव, 6. प्रेमिका की सूरत-शक्ल, 7. इलाज, 8. ज़हर-बुझा नश्तर, 9. जिन्दगी की रग की निकटता।

(6)

सीने में उनके जलवे छुपाए हुए तो हैं
हम उनके दिल का तूर बनाये हुए तो हैं

तासीरे-जज़्बे-शौक़[1] दिखाए हुए तो हैं
हम तेरा हर हिजाब उठाए हुए तो हैं

हाँ, क्या हुआ वो हौसला-ए-दीद अहले-दिल[2]
देखो न वो नक़ाब उठाये हुए तो हैं

तेरे गुनाहगार, गुनहगार ही सही
तेरे करम की आस[3] लगाये हुए तो हैं

अल्लाह री कामियाबी-ए-आवारगाने-इश्क़[4]
ख़ुद गुम हुए तो क्या, उसे पाये हुए तो हैं

यूँ तुझको इख़्तियार है, तासीर[5] दे न दे
दस्ते-दुआ[6] हम आज उठाये हुए तो हैं

मिटते हुओं को देख के क्यों रो न दे मजाज़
आख़िर किसी के हम भी मिटाये हुए तो हैं

---

1. **प्रेम-भाव** का असर, 2. ऐ दिलवालो, देखने का हौसला, 3. कृपा की आशा, 4. इश्क़ में **आबारागर्दी** करने या भटकने वालों की कामयाबी, 5. असर या प्रभाव, 6. दुआ करते हाथ

(7)

नहीं ये फ़िक्र कोई रहबरे-कामिल[1] नहीं मिलता
कोई दुनिया में मानूसे-मिज़ाजे-दिल[2] नहीं मिलता

कभी साहिल पे' रह कर शौक़ तूफ़ानों से टकराएँ
कभी तूफ़ाँ में रह कर फ़िक्र है साहिल नहीं मिलता

ये आना कोई आना है कि बस रस्मन चले आये
ये मिलना ख़ाक मिलना है कि दिल से दिल नहीं मिलता

शिकस्ता-पा को मुज़्दा, ख़स्तगाने-राह को मुज़्दा
कि रहबर को सुराग़े-जादा-ए-मंज़िल नहीं मिलता[3]

वहाँ कितनों को तख़्तो-ताज का अरमाँ है क्या कहिए
जहाँ साइल[4] को अक्सर कासा-ए-साइल[5] नहीं मिलता

ये क़त्ले-आम और ये बेइज़्न क़त्ले-आम[6] क्या कहिए
ये बिस्मिल[7] कैसे बिस्मिल हैं, जिन्हें क़ातिल नहीं मिलता

---

1. पूरी तरह होशियार राह दिखाने वाला, 2. दिल को समझने वाला, 3. थके-चुके लोगों के लिए खुशख़बरी, कि राह दिखाने का दम भरने वाले को मंज़िल तक पहुँचने के रास्ते का ज्ञान नहीं है, 4. भिखारी, 5. भीख माँगने का कटोरा, 6. बिला हुक्म या निर्देश के होने वाला नरसंहार, 7. ज़ख़्म खाये हुए।

(8)

सारा आलम गोश बर आवाज़ है[1]
आज किन हाथों में दिल का साज़ है

हाँ, ज़रा जुरअत दिखा ऐ जज़्बे-दिल
हुस्न को पर्दे पे' अपने नाज़ है

हमनशीं दिल की हक़ीक़त क्या कहूँ
सोज़ में डूबा हुआ इक साज़ है

आपकी मख़्मूर आँखों की क़सम
मेरी मैख़्वारी अभी तक राज़ है

हँस दिये वो मेरे रोने पर मगर
उनके हँस देने में भी इक राज़ है

छुप गये वो साज़े-हस्ती[2] छेड़ कर
अब तो बस आवाज़ ही आवाज़ है

हुस्न को नाहक़ पशेमाँ[3] कर दिया
ऐ जुनूँ[4] ये भी कोई अंदाज़ है

सारी महफ़िल जिसपे झूम उट्ठी मजाज़
वो तो आवाज़े-शिकस्ते-साज़[5] है

1. सारी दुनिया आवाज़ पर कान लगाये है, 2. ज़िन्दगी का साज़, 3. व्यर्थ ही लज्जित, 4. उन्माद या सनक, 5. साज़ या वाद्य यंत्रों के तार टूटने की आवाज़

(9)

खुद दिल में रहके आँख से पर्दा करे कोई
हाँ, लुत्फ़ जब है पाके भी ढूँढा करे कोई

तुमने तो हुक्मे-तर्के-तमन्ना[1] सुना दिया
किस दिल से आह तर्के-तमन्ना करे कोई

दुनिया लरज गई दिले-हिर्मां-नसीब[2] की
इस तरह साज़े-ऐश न छेड़ा करे कोई

मुझको ये आरज़ू वो उठाएँ निक़ाब खुद
उनको ये इंतज़ार तक़ाज़ा करे कोई

रंगीनिए-निक़ाब में गुम हो गई नज़र
क्या बे हिजाबियों का[3] तक़ाज़ा करे कोई

या तो किसी को जुरअते-दीदार[4] ही न हो
या फिर मिरी निगाह से देखा करे कोई

होती है इसमें हुस्न की तौहीन ऐ मजाज़
इतना न अहले-इश्क़[5] को रुस्वा[6] करे कोई

---

1. प्रेम से विमुख होने का आदेश, 2. निराशा से त्रस्त मन, 3. खुलेपन या पर्दों के उठने का, 4. देखने का साहस, 5. प्रेमीजनों को, 6. बदनाम

(10)

जिगर और दिल को बचाना भी है
नज़र आप ही से मिलाना भी है

मोहब्बत का हर भेद पाना भी है
मगर अपना दामन बचाना भी है

जो दिल तेरे ग़म का निशाना भी है
क़तीले-जफ़ाए-ज़माना[1] भी है

ख़िरद की इताअत[2] ज़रूरी सही
यही तो जुनूँ का ज़माना भी है

ये दुनिया, ये उक्बा[3] कहाँ जाइए
कहीं अहले-दिल का ठिकाना भी है

मुझे आज साहिल पे रोने भी दो
कि तूफ़ान में मुस्कराना भी है

ज़माने से आगे तो बढ़िये मजाज़
ज़माने को आगे बढ़ाना भी है

1. दुनिया के जुल्मों का शिकार, 2. दिमाग़दारी, 3. परलोक

(11)

तस्कीने-दिले-महज़ूँ न हुई[1], वो सई-ए-करमफ़र्मा[2] भी गये
इस सई-ए-करम को क्या कहिए, बहका भी गये तड़पा भी गये

इक अर्ज़े-बफ़ा भी कर न सके, कुछ कह न सके, कुछ सुन न सके
याँ हमने ज़बाँ ही खोली थी, वाँ आँख झुकी शरमा भी गये

आशुफ़्तगी-ए-वहशत[3] की क़सम, हैरत की क़सम, हसरत की क़सम
अब आप कहें कुछ या न कहें, हम राज़े-तबस्सुम[4] पा भी गये

रूदादे-ग़मे-उल्फ़त[5] उनसे हम क्या कहते, क्योंकर कहते
इक हर्फ़ न निकला होंठों से, और आँख में आँसू आ भी गये

अर्बाबे-जुनूँ पर फ़ुर्क़त में[6] अब क्या कहिए क्या-क्या गुज़रा
आये थे सवादे-उल्फ़त में[7], कुछ खो भी गये, कुछ पा भी गये

ये रंगे-बहारे-आलम है, क्यों फ़िक्र है तुझको ऐ साक़ी
महफ़िल तो तिरी सूनी न हुई, कुछ उठ भी गये, कुछ आ भी गये

उस महफ़िले-कैफ़ो-मस्ती में, उस अंजुमने-इर्फ़ानी में[8]
सब जाम ब-कफ़[9] बैठे ही रहे, हम पी भी गये, छलका भी गये

---

1. दुखी दिल को शांति न मिली, 2. मित्रों की कोशिशें, 3. उपेक्षा से हुई खिन्नता, 4. मुस्कुराहट का रहस्य, 5. दुखी प्रेम की दास्तान, 6. वियोग-पीड़ित लोगों पर जुदाई में, 7. प्रीतनगरी में, 8. मस्ती और सुरूर वाली महफ़िल में, ज्ञानीजनों की सभा में, 9. हाथ में प्याला थामे

(12)

रहे-शौक़ से[1] अब हटा चाहता हूँ
कशिश हुस्न की देखना चाहता हूँ

कोई दिल सा दर्द-आश्ना चाहता हूँ
रहे-इश्क़ में रहनुमा चाहता हूँ

तुझी से तुझे छीनना चाहता हूँ
ये क्या चाहता हूँ, य' क्या चाहता हूँ

ख़ताओं पे' जो मुझको माइल करे फिर[2]
सज़ा और ऐसी सज़ा चाहता हूँ

तुझे ढूँढ़ता हूँ, तिरी जुस्तजू है
मज़ा है कि ख़ुद गुम हुआ चाहता हूँ

1. प्रेम-पथ से, 2. जो फिर मुझे ग़लतियों के लिए उकसाये

(13)

पर्तवे-साग़रे-सहबा[1] क्या था
रात इक हश्र सा बपा क्या था

क्यूँ जवानी की मुझे याद आई
मैंने इक ख़्वाब-सा देखा क्या था

हुस्न की आँख भी नमनाक[2] हुई
इश्क़ को आपने समझा क्या था

इश्क़ ने आँख चुरा ली वर्ना
हुस्न और हुस्न का पर्दा क्या था

क्यूँ मजाज़ आपने साग़र[3] तोड़ा
आज ये शहर में चर्चा क्या था

1. शराब के प्याले में पड़ती छाया, 2. गीली, 3. प्याला

(14)

वो नक़ाब आप से उठ जाए तो कुछ दूर नहीं
वर्ना मेरी निगाहे-शौक़[1] भी मजबूर नहीं

ख़ातिरे-अहले-नज़र[2] हुस्न को मंजूर नहीं
इसमें कुछ तेरी ख़ता दीद-ए-महजूर[3] नहीं

लाख छुपते हो, मगर छुपके भी मस्तूर[4] नहीं
तुम अजब चीज़ हो, नज़दीक नहीं, दूर नहीं

जुरअते-अर्ज़[5] पे' वो कुछ नहीं कहते, लेकिन
हर अदा से ये टपकता है कि मंजूर नहीं

दिल धड़क उठता है खुद अपनी ही आहट पर
अब क़दम मंज़िले-जानाँ[6] से बहुत दूर नहीं

हाय वो वक़्त कि जब बे पिये मदहोशी थी
हाय ये वक़्त कि अब पी के भी मख़्मूर नहीं

हुस्न ही हुस्न है जिस सिम्त उठाता हूँ नज़र
अब यहाँ तूर[7] नहीं, बर्क़[8] सरे-तूर नहीं

देख सकता हूँ जो आँखों से वो काफ़ी है मजाज़
अहले-इर्फ़ां की नवाज़िश[9] मुझे मंजूर नहीं

---

1. चाहत-भरी नज़र, 2. क़द्रदानों का दिल रखना, 3. वियोग से छटपटाती आंख, 4. गुप्त या पोशीदा, 5. फ़रमाइश की हिम्मत, 6. प्रियतमा के घर तक की मंज़िल, 7. वो पहाड़ जिस पर हजरत मूसा ने खुदा से बातें की, 8. बिजली, 9. ब्रह्मज्ञानियों की कृपा

(15)

जुनूने शौक़ अब भी कम नहीं है
मगर वो आज भी बरहम[1] नहीं है

बहुत मुश्किल है दुनिया का सवँरना
तिरी जुल्फ़ों का पेचो-ख़म नहीं है

बहुत कुछ और भी है इस जहाँ में
य' दुनिया महज़ ग़म ही ग़म नहीं है

तक़ाज़े क्यूँ करूँ पैहम[2] न साक़ी
किसे याँ फ़िक्रे-बेशो-कम नहीं है

उधर मश्क़ूक[3] है मेरी सदाक़त[4]
इधर भी बदगुमानी कम नहीं है

मिरी बर्बादियों का हमनशीनो
तुम्हें क्या, खुद मुझे भी ग़म नहीं है

अभी बज़्मे-तरब[5] से क्या उठूँ मैं
अभी तो आँख भी पुरनम नहीं है

---

1. अप्रसन्न, 2. लगातार, 3. संदिग्ध, 4. सच्चाई, 5. खुशी की महफ़िल

(16)

शौक़[1] के हाथों, ऐ दिले-मुज़्तर[2], क्या होना है, क्या होगा
इश्क़ तो रुसवा हो ही चुका है, हुस्न भी क्या रुसवा होगा

हुस्न की बज़्मे-ख़ास में जाकर इससे ज़ियादा क्या होगा
कोई नया पैमाँ बाँधेंगे, कोई नया वादा होगा

चारागरी[3] सर आँखों पर, इस चारागरी से क्या होगा
दर्द कि अपनी आप दवा है, तुमसे अच्छा क्या होगा

वाइज़े-सादालौह[4] से कह दो छोड़े उक़्बा[5] की बातें
इस दुनिया में क्या रक्खा है, उस दुनिया में क्या होगा

तुम भी मजाज़ इंसान हो आख़िर, लाख छुपाओ इश्क़ अपना
ये भेद मगर खुल जायेगा, ये राज़ मगर अफ़्शाँ[6] होगा

---

1. इश्क़, 2. व्यग्र मन, 3. इलाज, चिकित्सा, 4. सीधे सरल धर्मोपदेशक, 5. परलोक, 6. खुलासा, प्रकट

(17)

निगाहे-लुत्फ़ मत उठ, ख़ूगरे-आलाम[1] रहने दे
हमें नाकाम रहना है, हमें नाकाम रहने दे

किसी मासूम पर बेदाद[2] का इल्ज़ाम क्या मा'नी
ये वहशतख़ेज़ बातें इश्क़े-बद-अंजाम[3] रहने दे

अभी रहने दे दिल में शौक़े-शोरीदा[4] के हंगामे
अभी सर में मोहब्बत का जुनूने-ख़ाम[5] रहने दे

अभी रहने दे कुछ दिन लुत्फ़े-नग्मा, मस्ति-ए-सहबा[6]
अभी ये साज़ रहने दे, अभी ये जाम रहने दे

कहाँ तक हुस्न भी आख़िर करे पासे-रवादारी[7]
अगर ये इश्क़ खुद ही फ़र्क़े-ख़ासो-आम[8] रहने दे

ब-ईं-रिंदी[9] मजाज़ इक शाइरे-मज़दूरो-दहकाँ[10] है
अगर शहरों में वो बदनाम है बदनाम रहने दे

1. दुखों का अभ्यस्त, 2. जुल्म, 3. बुरे नतीजे वाला इश्क़, 4. मुसीबतों के शौक़, 5. वो दीवानगी जो अभी पूरे जोश में न आई हो, 6. शराब की मस्ती, 7. सहृदयता या दरियादिली का लिहाज, 8. ख़ास और आम का भेद, 9. इस तरह का रिंद होते हुए भी, 10. किसानों-मेहनतकशों का शाइर

(18)

अक़्ल को सतह से कुछ और उभर जाना था
इश्क़ को मंज़िले-पस्ती से गुज़र जाना था

जलवे थे हल्क़ा-ए-हर-दामे-नज़र से बाहर[1]
मैंने हर जलवे को पाबंदे-नज़र[2] जाना था

हुस्न का ग़म भी हसीं, फ़िक्र हसीं, दर्द हसीं
उनको हर रंग में हर तौर सवँर जाना था

हुस्न ने शौक़ के हंगामे तो देखे थे बहुत
इश्क़ के दावा-ए-तक़दीस[3] से डर जाना था

ये तो क्या कहिए चला था मैं कहाँ से हमदम
मुझको ये भी न था मालूम किधर जाना था

हुस्न और इश्क़ को दे ता'ना-ए-बेदाद[4], मजाज़
तुमको तो सिर्फ़ इसी बात पे मर जाना था

---

1. नज़र के जाले की हर गाँठ से बाहर, 2. नज़र में रहने वाला, 3. पवित्रता के दावे से, 4. ज़ुल्म या अत्याचार का ताना

(19)

दर्द की दौलते-बेदार अता हो[1] साक़ी
हम बही-ख़्वाह[2] सभी के हैं, भला हो साक़ी

सख़्तजाँ[3] ही नहीं, हम खुदसरो-खुद्दार[4] भी हैं
नावके-नाज़[5] ख़ता है[6] तो ख़ता हो साक़ी

सइ-ए-तदबीर में मुज़्मर है इक आहे-जाँसोज़[7]
इसका इनआम सज़ा हो कि जज़ा[8] हो साक़ी

सीन-ए-शौक़ में[9] वो ज़ख़्म, कि लौ दे उट्ठे
और भी तेज़ ज़माने की हवा हो साक़ी

आँधियाँ उट्ठी हैं, सुनसान है मैख़ान-ए-शौक़[10]
अब तो इक सिज्द-ए-मासूम रवा हो[11] साक़ी

---

1. दर्द की होशमंद दौलत प्रदान करो, 2. भलाई चाहने वाले, 3. सख़्त जान वाला, जिसके प्राण मुश्किल से निकलें, 4. मुँहजोर और स्वाभिमानी, 5. गर्व रूपी बाण, 6. चूक गया, 7. कर्मशीलता के प्रयत्न में एक जानलेवा आह छिपी हुई है, 8. पुण्य प्रसाद, 9. इश्क़ से धड़कते सीने में, 10. इश्क़ का मैख़ाना, 11. एक मासूम की प्रार्थना स्वीकार करो

(20)

(बिना मत्ले की ग़ज़ल)

दिले-ख़ूँ-गश्त-ए-जफ़ा पे' कहीं
अब करम भी गिराँ न हो जाए[1]

तिरे बीमार का खुदा हाफ़िज़
नज़्रे-चारागराँ[2] न हो जाए

इश्क़ क्या-क्या न आफ़तें ढाये
हुस्न गर मेहूरबाँ न हो जाए

मय के आगे ग़मों का कोहेगिरा[3]
एक पल में धुआँ न हो जाए

फिर मजाज़ इन दिनों ये ख़तरा है
दिल हलाके-बुताँ[4] न हो जाए

■■

1. उपेक्षा से घायल मन पर कहीं मेहरबानी भी बोझ न बन जाए, 2. इलाज करने वालों का उपहार या भेंट, 3. शराब के आगे दुखों का भारी पहाड़, 4. ख़ूबसूरत चेहरों से हताहत